金句读点

李海峰 夏聪◎主编

SPM 南方传媒 | 广东经济出版社
·广州·

图书在版编目（CIP）数据

读点金句 / 李海峰，夏聪主编．— 广州：广东经济出版社，2024. 11. — ISBN 978-7-5454-9443-3

Ⅰ．H033

中国国家版本馆CIP数据核字第2024070G21号

责任编辑：郭艳军　周伊凌　许　璐
责任校对：黄思健
责任技编：陆俊帆
封面设计：沐云 BOOK DESIGN QQ:2287215891

读点金句
DU DIAN JINJU

出版发行：广东经济出版社（广州市水荫路 11 号 11 ～ 12 楼）
印　　刷：广东鹏腾宇文化创新有限公司
（广东省珠海市高新区唐家湾镇科技九路 88 号 10 栋）

开　　本：880mm × 1230mm　1/32　　印　　张：9.5
版　　次：2024 年 11 月第 1 版　　印　　次：2024 年 11 月第 1 次
书　　号：ISBN 978-7-5454-9443-3　　字　　数：139 千字
定　　价：88.00 元

发行电话：（020）87393830
广东经济出版社常年法律顾问：胡志海律师
如发现印装质量问题，请与本社联系，本社负责调换

编 委 会

颜一书（P22）

黄仁杰（P29）

金姿言（P37）

跨文化焱姐（P61）

陈尚峰（P66）

开心（P72）

悦平（P81）

紫霞（P104）

童留（P119）

蒋思瑶（P133）

红杨（P153）

阿蔡老师（P160）

游小小（P190）

胡小滨（P212）

龙妈（P214）

七哥（P229）

栗掌门（P234）

程婷玉（P252）

李耀（P257）

雅伟（P268）

大双（P273）

赵芙蓉（P285）

乔慧萍（P286）

提示：

编委会成员排名不分先后，依据其在书中出现页码的先后顺序排列。

致　谢

Lily 千百合（P59）

蔡留照（P60）

姜沐梓（P71）

心怡（P110）

卓然（P114）

耀融（P132）

李新月（P134）

羽菲（P138）

杨阅真（P158）

安然好瑜伽（P174）

丁柳（P178）

韩老白（P181）

东方（P193）

Sunshine（P208）

胡新蕾（P213）

黄露（P222）

小乔（P230）

刘琴（P241）

欧阳丽辰（P261）

牧羊人·苏麦耶（P270）

大双（P273）

燕子（P280）

提示：

致谢成员排名不分先后，依据其在书中出现页码的先后顺序排列。

前言 PREFACE

已经出版 73 本书的我，每次送书出去，最关心的就是对方看了没有，看完有没有收获，能不能有所启发。我会分享我阅读的方法和收获，也会分享书中的金句。

我有时不得不面对一个现实：很多朋友太忙，碎片化的时间他们也更倾向于刷短视频，对他们来说，长时间读一本系统性的、厚厚的书是一种巨大的压力。

那么我这里，希望提供多一个选择，那就是“读点金句”。

随时随地，一书在手，随便翻翻，开卷有益。

所有的金句都摘自已经出版的书，近 300 位金句推荐官，每人从一本书里摘录自己觉得最有价值的 3 个金句。

我当然不奢望这些句子你全部都喜欢。但我非常肯定的是，里面推荐的书，总有些符合你的口味。可以想象，你到了超级豪华的自助餐厅，来都来了，花点时间逛逛，不影响你做些新的尝试，以及挑自己喜欢的食物，大快朵颐。

在我这里，好选择来自好多选择。

大家不用担心推荐人的诚意。我们常常说书是作者的孩子，那么在这个项目上，这些推荐人算是书的养父母。他们参与这个项目，都是花了真金白银的，只为好书能让更多的人看到。

很多好书，多一个人推荐，就少一点快速绝版的可能性。

《读点金句》在排版设计上，做大量留白，那可不只是为了美观。虽然这也是非常重要的原因。

我还希望你用抄写的方式，来完成和金句的邂逅。有时候脚步太快，灵魂追不上来。你要愿意，尝试在空白处用笔抄写这些金句。很有可能，你脑海里会闪过很多念头，合上书，你会沉思，再打开，记下你的灵感。

我们常说，读书就是和作者进行思想交流。有时候，时间原因、距离原因……读者会因无法与作者直接交流而感到遗憾。

我们在这本书里，邀请推荐人放上自己的简短介绍和联系二维码。并且**我们把所在地相近的推荐人放在一起**，这样，如果你愿意，很有可能可以和推荐人见一见。

读书不用贪多，而要学会思索。

读点金句，是我对你的邀请。

读到好书，交到好友，是我对你的祝福。

独立投资人

畅销书出品人

贵友联盟主理人

DISC+ 社群联合创始人

李海峰

2024 年 10 月 5 日

免责声明

本书通过提炼书籍中的经典语句，即“金句”，引导读者发现并探索更多优秀的知识资源。对于本书涉及的全部内容，我们特别声明如下。

第一，在出版过程中，我们已尽最大努力确保所有引用内容的合法性与合理性。我们尊重并保护每一本入选图书及其作者、出版社的版权。若书中展示的封面图片涉及版权问题，请相关版权方及时与我们联系。

第二，本书对图书的推荐旨在为读者提供多样化的阅读选择。本书不构成任何形式的购买建议或法律意见，不对任何入选图书的内容、质量、观点或可能产生的任何后果承担直接或间接责任。读者在阅读前，请自行评估书籍的适用性，并参考其他信息来源做出决策。

第三，本书放置推荐人二维码，目的是增加读者和推荐人互动的可能性，不代表对推荐人的背书。后续推荐人和读者因互动导致的风险和损失，由双方各自承担。

最后，我们衷心感谢所有入选图书的作者、出版社及版权方的支持与理解，也感谢广大读者的关注与厚爱，对本书内容可能存在的不足之处，恳请广大读者谅解。《读点金句》愿成为连接好书与读者的桥梁，为促进知识传播贡献绵薄之力。

提示：

以上地区分类，系根据作者自行提交的常住地址信息整理而成。

每个人都有优势，只是还没有被梳理出来。找优势就像淘金，一堆不起眼的沙子里，总有几个闪光点，把这些不起眼的金粒收集起来，就是一颗价值不菲的金豆。

完成比完美更重要，能量比才华更重要，做了比不做更重要。

记住，卡住自己的不是外面的路，而是思维里的墙。放下成见，人间处处是生机。

《不上班咖啡馆》 古典/著

推荐人：陈雪萍

悦见读书会创始人，平面设计师，社群运营师，AI（人工智能）应用管理师，《金句之书》推荐官，帆书官方知识教练，线上带领超过2000名书友阅读学习。

每个人都是一家“无限责任公司”的董事长，这家公司的名字叫“自己”。

只要你的体系在运行，每时每刻你都能从充实平静中享受做自己所热爱事情的快乐。

对专业要有敬畏之心，对困难则要有藐视一切的态度。

《单干：成为超级个体的49个关键动作》 陈欢/著

推荐人：欧阳明悦（爱华）

外贸经理人，家庭教育高级讲师，读书IP（知识产权，可以延伸为有创造性的智力成果）养成系教练，爱华美好书房+花房主理人，三七读书会全民阅读推广大使与代言人。

“

命自我立，福自己求。

积善之家，必有余庆。

惠不在大，赴人之急可也。

”

《〈了凡四训〉与命运密码》 郭继承/著

推荐人：潘豪骏

国学爱好者，领风羊牌乌梅茶创始人。

永远不要用战术上的勤奋，掩盖战略上的懒惰。

拥有谁都拿不走的核心优势，才是你和这个世界谈判的最大底气。

只有不断发掘并发挥自己的优势，你才能更好地构建可持续的商业模式，从而立足行业、不断深耕，打造自己的核心竞争力。

《活在你的优势上》 璐璐/著

推荐人：万婷

水晶定制占星师、优势咨询师，经手占星、塔罗牌解读案例超过130个，帮助80多位客户明晰人生规划，破除财富卡点，过上理想人生。

“

必须非常小心谨慎、永远不再以傲慢的姿态对待周围的人；放下身段、平易近人，与员工们坐在一起，倾听他们的心声。

我发现所有的经商错误可归咎于一点，即应该要为顾客利益着想时，却优先考虑到自己。

给予、给予、不断给予他人，努力确保交易实现双赢。

”

《能断金刚——超凡的经营智慧》 [美]麦克 · 罗奇格西/著

推荐人：叶耀锴

盖洛普优势教练，经手累计超过100个优势咨询案例，擅长个人成长、管理者优势发展、团队人才优势管理等方面。

我认为宽容是对非主观意识所造成影响的包容，我们可以接受一个人有失误、有意外、有状态不好的时候，并对此表示理解。

人跟人之间关系的建立是要经过一次次考验的，有一些泛泛之交的关系并不值得维护，他的看法对你自然也没那么重要。

往往在遇到危机的时候，人会更倾向于选择伤害那个反弹最小的人，这是人的一种本能。你也不必因此责怪他，他只是没那么勇敢、承受力没那么强而已。

《通透》 杨天真/著

推荐人：吴诗婷（子墨）

书馨屋读书会创始人，家庭教育指导师，终身成长践行者，《金句之书》推荐官。

“

孩子们需要鼓励，正如植物需要水。

父母能为孩子做的最令人鼓舞的事情之一，就是定期按计划陪孩子享受特别时光。

在尝试解决任何问题之前，要先教会你的学生们专注于问题的解决方案。

”

《正面管教》 [美]简·尼尔森/著

推荐人：余愉

正面管教讲师，心理咨询师，升学留学规划师。

“

感谢健康不仅对你保持健康至关重要，同时还能确保你的身体越来越健康，精力更加充沛。

如果你对一段关系感恩，即使它并不完美，这段关系也将会变得更好；如果你对目前的工作感恩，即使它不是你梦寐以求的，你也将更加热爱这份工作，还能在工作中获得更多更好的机会。

对于宇宙给予你的恩赐所怀有的感恩情绪越强烈，你和宇宙之间的关系就会越亲密，感恩的魔力会为你带来无穷尽的富足。

”

《魔力》 [澳]朗达·拜恩/著

推荐人：菲菲

家庭教育指导师，家庭营养师，心灵沟通师，生命能量智慧传播者。

为了使十年的徒步变得更加有意义，我还给自己初步确定了三大主题：宣传环保理念、走访56个民族和探险无人区。

在大自然中，人逢绝境时，有时也会退变成野兽，只有遵循生物链最基本的法则才能生存。

在穿越塔克拉玛干沙漠时，我感觉自己都不如一只蚂蚁！其实人只能战胜自己，并不能战胜大自然。对大自然应该是尊重其规律，顺其自然，而不是征服。

《信念：人生每一步都算数（珍藏版）》 雷殿生/著

推荐人：平钧

世界500强企业职业经理人，畅销书《友者生存4：为全世界加分》联合作者，《论语》爱好者。

66

儿童都是习得语言的天才，无论放在什么环境中，都能轻而易举地习得那个环境里的语言。

任何技能要想学到登峰造极的程度，都需要一万小时的时间投入和“深练”。

沉浸式的习得法（二语习得法）是儿童学习外语的最佳路线——路径最短最有效，成果最好，过程最轻松无痛。

99

《做孩子最好的英语学习规划师：中国儿童英语习得全路线图》 盖兆泉/著

推荐人：曼迪（Mandy）

资深英语老师，家庭教育指导师，学习规划师，英语大赛优秀指导老师，深耕教育行业20年，帮助超过1万个孩子进步。

“

潜意识是储存回忆与技能的宝库，即使历经几十个寒暑，那些信息也能招之即出。

我们一直拥有着比我们自知更多的内在智慧。

努力促成微小的改变，因为即使是轻微的变化，也势必能引发患者身上的巨大转变。

”

《深度看见：艾瑞克森催眠法》 [美]米尔顿·艾瑞克森、[美]史德奈·罗森/著

推荐人：莎拉（伍允晔）

资深团体心理辅导带领者、职业发展师，拥有10年以上整合心理实战经验，聚焦幸福心能量疗愈，团体心理辅导讲座受众超过50万人。

当孩子第一次犯错误，您只需要告诉他为什么错了，怎么做是对的就行了。

一个生活上马马虎虎的人，怎么可能在学习上一丝不苟呢？

不理解学习当然不会爱学习，不懂学习自然很容易厌烦学习。

《学会跟孩子说话》 赵雨林/著

推荐人：陈泳佳

亲子约创始人、写作教练，曾任中山大学职业导师，辅导逾1万个家长通过写作带好孩子。

利他就是最好的利己。

我们要增加的是“给”的能力，而不是“要”的习惯。

什么都可以变，但做个好人，绝对不能变。

《创业创富》 劳家进、夏聪/著

推荐人：杨春桂

品牌营销增长顾问、13年美容顾问，专业指导逾600名女性改善皮肤、专业指导逾100名青少年长高。

从一个读者的角度来看，最重要的字就是那些让你头痛的字。

将一本书中最重要的句子圈出来，找出其中的主旨。

将书中重要篇章列举出来，说明它们如何按照顺序组成一个整体的架构。

《如何阅读一本书》 [美]莫提默·J. 艾德勒、[美]查尔斯·范多伦/著

推荐人：飞鱼逻辑模型

飞鱼逻辑模型主理人，拥有8年一线记忆教学经验，帮助超过1万个孩子进步，辅导学员实现高考语文分数超过140分。

只有那些高自我价值的人才敢于承认自己情绪低落。

一个人的自信心越强，他就越有勇气改变自己的行为。

我希望看到每一个人都能肯定自己的价值，懂得欣赏自己，并且能够感知到完整、创造性、能力、健康、温顺、美丽和可爱。

《新家庭如何塑造人（第二版）》 [美]维吉尼亚·萨提亚/著

推荐人：梁浩萍

心理疗愈咨询师，天赋家庭教育机构联合创始人，国际NLP（神经语言程序学）执行师。

学习和改变不仅是一种能力，更是一种智慧和勇气。通过学习，人们能够更好地理解自己和世界，实现自己的潜能，并为创造更美好的未来作出贡献。

学会从“想”转化为“做”，从“不懂”“不会”转向积极尝试，是每个人自我成长和发展的重要一步。

要实现良好的双向沟通，必须创造一种和谐的氛围。在这样的氛围下，人们更愿意开放地交流，表达自己的观点，而不必担心受到批评或否定。

《职场幸福力——学习和改变的逻辑层次》 徐珂/著

推荐人：纪色斐

系统动力派NLP执行师，家庭系统整合师，女性能量课程授权导师，DISC授权讲师，徐珂老师嫡传弟子。

没有内驱力的孩子的人生是被动的，就像拉弓射箭却没有靶心，不知该射向何方！

有内驱力的孩子，自我价值感高。

孩子是一个独立的生命，独立是他成长过程中的内在需求，也是他的内驱力之一。

《激活孩子的内驱力》 钱惠华/著

推荐人：静姐

沉淀教育15年，做亲子学习力翻转师，曾服务广州市的学校超过30所，涉及上千位老师和上万名中小学生，帮助超过200位妈妈幸福育儿，培养全能学霸。

找出对方的价值观，创造、增大或转移对方在乎的价值，对方便会产生推动自己的行为。

无须改变外面的世界（我们无法知道它是怎样的），只需改变我们自己（脑里的世界），人生便有所改变。

怎样培养自信，总结整个过程编成一个“定律”是：感觉→尝试→经验→能力→（肯定）→自信→自爱→自尊。

《重塑心灵》 李中莹/著

推荐人：李冬华

高校教师、国家二级心理咨询师、系统动力派NLP执行师、系统整合排列师、国家感觉统合中级咨询师，教育生涯持续24年，致力于探索关于人生成功和幸福的学问。

关于改变，你其实一直都有选择。

你是一个什么样的人根本不重要，你怎么跟世界互动才重要。

生命总是会为自己寻找出路，无论前面的阻力看起来有多强大。

《了不起的我》 陈海贤/著

推荐人：林丫丫

职业发展咨询师、个人成长导师、生活体验家、10年公关策划人，具有10多年共同成长亲密关系经历，践行终身学习，喜欢交流碰撞。

“

“结果＝行动×概率”，想要拿结果，你就得有所行动。

做大事和做小事的难易程度是一样的。

我是一个超级说服者，我具有无与伦比的说服力与影响力。

”

《创业创富》 劳家进、夏聪/著

推荐人：押花姐

3年智障残疾人中心公益老师，6个月自营6套广州城市民宿，业务涉及闲置房托管、酒店代运营，连续创业19年。

一个人影响一群人，一群人改变一座城。

尝试做读书会创始人，发起并运营一个读书会，是你未来知识变现道路上的一块试金石，有助于检验自己是否具备相应的能力。

在谈论阅读时，可以这样升华：“我今天分享的不是阅读，而是给你一把丈量世界的尺子；不是在说沟通，而是在聊和这个世界相处的态度；也不是在做读书会，而是在编制一张属于你的价值网络。”

《读书会创始人》 李海峰、彭小六/主编

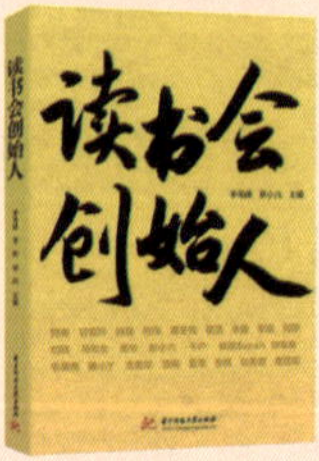

推荐人：颜一书（颜承焕）

研发实验室负责人，一书学堂、一书读书会创始人，互联网营销师，“AI+”自由读写疗愈师，拥有3年自媒体运营经验。

强势文化造就强者，弱势文化造就弱者，这是规律，也可以理解为天道，不以人的意志为转移。

强势文化在武学上被称为“秘笈”，而弱势文化由于易学、易懂、易用，成了流行品种。

神话不过是常人的思维所不易理解的平常事。

《遥远的救世主》　豆豆/著

推荐人：李汉彬

航空设备维修工程专业在读大学生，奥一中石化教育公司创始人，征途社群创始人，有1年心理咨询师经验。

“

我希望读完这本书，你只要做一个决定：为自己，尽情活。

人生没有模板，人生也没有一成不变的答案。不管活到几岁，我们都在不断重新认识自己。

对自己保持善意，具备真正的成长型思维，愿意接受挑战，承担失败，可见的进步就一点点发生了。

”

《你好，我们》 李小萌/著

推荐人：小爱（詹爱平）

家庭教育指导师、小爱自律训练营创始人，热爱阅读和跑步，拥有16年外企行政采购管理经验。

“

专长的传授，需要通过师傅带徒弟的方式完成，而无法通过学校教育完成。

金钱可以赋予你追求内心平静和幸福的时间和精力。

平和是静态的幸福，幸福是动态的平和。

”

《纳瓦尔宝典》 [美]埃里克·乔根森/著

推荐人：子康

无我催眠疗愈、人生圆满十项创始人，潜意识创富首席导师，4个独立自信男孩妈妈。

要建立一个充满成长型思维模式的环境，让人们可以在其中成长。

传递注重过程和成长的信息。

努力的过程并不只包含努力本身。

《终身成长》 [美]卡罗尔·德韦克/著

推荐人：小瑜

中级会计师，深耕中小学校财务管理17年；帆书平台知识教练、中级社群运营师，帮助超过3000名书友进行线上学习。

“

改变必须从自己开始，因为自己才是一切的根源。

接纳才是改变的前提。

彼此顾念的方式：用对方需要的方式去爱他。

”

《亲密关系》 黄启团/著

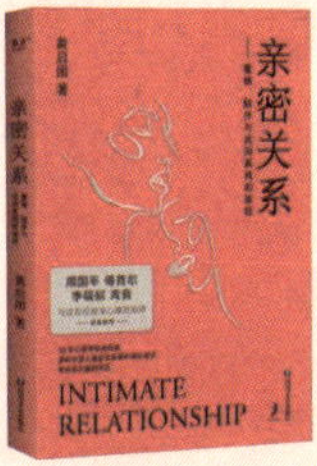

推荐人：况方方

心理咨询师、心理倾听师，专注心理成长10年。

中医的实质是简单而又朴素的，通过对宇宙、自然、生活细致的观察，经过长期的实践而处处充满了智慧。

身体健康需要将先天元气的充足、后天之气的营养及经络通畅的条件作为保障。顺应自然的饮食、生活习惯，保持自然顺畅、平和的情绪才能使脏腑不受损伤。

养生之道：顺应自然。

《通则不痛痛则不通》 路新宇/著

推荐人：黎文

《金句之书》推荐官，擅长五行经络养生。

“

有些路没有人陪，反而走得更惬意。

天空黑暗到一定程度，星辰就会熠熠生辉。

给时间一点时间，让过去过去，让开始开始。

”

《等一朵花开》 林帝浣/著

推荐人：黄仁杰

心理学博导、临终关怀督导、安宁疗护指导师、心理咨询师、社会工作师、家庭教育指导师，拥有20多年临终关怀实务经验，陪伴数千患者、长者走过人生最后一段路。

孩子的自我评价，受父母观点的影响很深，所以，父母一定要相信孩子。

培养孩子的责任感，应该是家庭教育中的一项重要内容。

父母千万不要把孩子管得太“严”了，而应给孩子一定的空间，并从小培养孩子强烈的时间观念，告诉他们时间属于会利用时间的人。

《父母的语言》 杨颖/编著

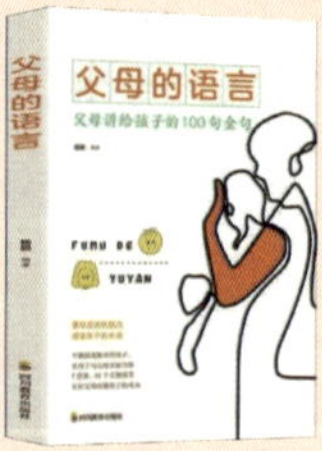

推荐人：李淑燕

“90后”二娃宝妈、家庭教育指导者，幼教出身，热爱教育教学工作，从事教育行业13年。

“

企业在初创期一定要树立榜样，因为这个时候企业能给的福利不多，只能树立榜样，让其他人向榜样学习，鞠躬尽瘁。

真诚是沟通唯一的技巧。

管理就是“看人所长，容人所短”。

”

《铁军团队》 欧德张/著

推荐人：汤宜蓁

深耕教育教学行业30多年，服务了8000多个家庭，2008年打造了珠海市本土托管教育品牌。

当你的才华用在需要且适合的地方，那你可能会帮助到更多的人，给更多人带来机会，也能让自己拥有越来越丰盛的人生。

快乐就是一个决定，当你决定快乐，一切自然会跟上你的这个伟大的决定。

人的一生中有三分之一的时间是在工作中度过的，我们应该让工作成为自己的能量补给，而非能量消耗，这样你才能享受工作的美好，提高生命的质量。

《如何成为会赚钱的妈妈》 王不烦/著

推荐人：小兰

自由职业者，曾是插件流水线工人，会英语、日语、粤语的“90后”女生，语言爱好者，爱好阅读、写作、配音，拥有高级健康管理师证书。

哪有什么一夜成名，只不过是百炼成钢。

钻石需要打磨，人生需要历练。

慢慢来，比较快，让“笨鸟”先飞一会。

《写作重塑人生》 弘丹、赵广、郭丹/主编

推荐人：彬彬

模特，打榜裂变操盘手，梦享学院金牌讲师，《金句之书》推荐官，传统文化爱好者。

当我们转行时，千万不要全部都丢掉，否则会让我们的积累化为乌有。而如果保住其中的一到两项（行业 × 企业 × 职位）不变，我们就会既有竞争力，又能应对变化。

人生有三个要素：真我、挑战和平衡。真我就是真实地做自己，挑战意味着找到自己想要争取、精进的东西，平衡则意味着持续保持自我、家庭、社会的平衡。

人是万物的尺度。当你去观察艺术，去读书、去旅游，你就开启了洞察自己的过程。

《不上班咖啡馆》 古典/著

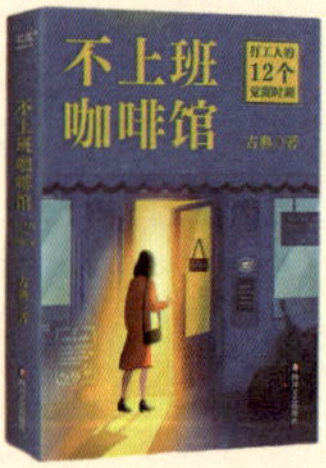

推荐人：曹华

学业、职业生涯规划师，简快身心积极疗法执行师，NLP执行师，家庭教育指导师。

“

视觉化的目的不是画图，而是洞见内涵。

当前知识工作者面临三大挑战：梳理知识，有效地呈现知识，使之变成有形的东西；把知识从虚拟的空间拉回来，使它变得可触摸、可感知；在人和组织之间创造全新的参与和对话文化。

沟通中最大的问题是我们的幻觉，以为沟通已经发生过了。而视觉为一致的理解搭建桥梁。

”

《笔下生慧：用视觉引导提升沟通力及思考力（原书第6版）》 [德]马汀·郝思曼/著

推荐人：朵儿

视觉表达变现教练，视觉记录师、引导师，朵儿的视觉表达主理人。

平衡是指系统中付出与收取之间的平衡，包括个体与系统之间的平衡，以及不同系统之间的平衡。对于个体而言，就是获得的报酬与其实际创造的价值的平衡。

改变不是从外在开始，而是从了解开始。

通过表达愤怒，我们可以让他人了解我们的感受和需求，从而维护自己的权益和尊严。

《职场幸福力——学习和改变的逻辑层次》 徐珂/著

推荐人：张欢欢

NLP执行师，鼓励咨询师，钢琴老师。

信念系统可比喻为大脑中的杀毒软件，它可以检测和清除大脑中的“病毒”——对世界的理解和认知中我们所不能接受的错误或不准确的信息。

沟通是一个非常复杂的过程，那些拥有强大智慧的人往往能够在其中灵活应对，创造出许多机会，并且在这个环境中拥有更多资源，从而立于不败之地。

情绪藏在我们的身体里，所有的感知和反应来自我们的身体。

《职场幸福力——学习和改变的逻辑层次》 徐珂/著

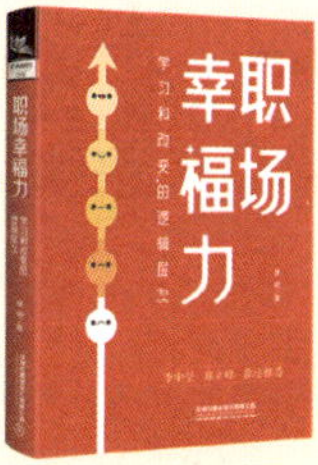

推荐人：金姿言

畅销书《身心减负：如何过上自由又健康的生活》联合作者，NLP执行师，家庭系统整合导师，具有20年教龄的资深钢琴老师。

独立思考并决定：你想要什么；事实是什么；面对事实，你如何实现自己的愿望……

靠水晶球谋生的人注定要吃碎在地上的玻璃。

把生活想象为一场游戏，我面临的每个问题都是一个需要破解的谜。我通过解谜获得一块宝石，即一项原则，它能帮助我在未来避免同样的问题。不断收集这样的宝石能够提高我的决策水平，这样我就能进入更高一级的游戏，游戏变得越难，涉及的利益也变得越来越大。

《原则》 [美]瑞·达利欧/著

推荐人：李丽珊

新加坡留学规划师，斯坦福设计人生认证教练，家庭教育指导师。

不要因为你自己没有胃口，而去责备你的食物。

我们把世界看错了，反说它欺骗了我们。

让死者有那不朽的名，但让生者有那不朽的爱。

《飞鸟集》 [印]泰戈尔/著

推荐人：李欣恬

青少年学习力指导师，拥有15年初三、高三历史教学经验。

一个社会，如果不认同人的特点，用一个核定的标准来制造精英，出来的就是“机器”，而不是真正的人才。

你不能对别人放手的事情，一定是不能对自己放手的事情；你不能接纳别人的东西，一定是不能接纳自己的东西。

孩子天生是家庭系统的忠实信徒，他们在潜意识的支配下，会力图去修补或纠正系统的错误，甚至不惜以生命为代价。

《不教的教育——新中国式家长学堂导航》 周月明、李雯、徐敏/著

推荐人：齐平静

家庭教育、睿智情商督导师，财富沙盘推演师，孕未来成长工作坊指导师，学习力提升督学师。

高效的沟通源于为对方增加价值，而不是向对方索取价值。

团队是个人知识转化为组织知识的赋能载体。

自我管理的意义在于优秀的自己给团队带来发展的动力，在不断的自我修正中，管理好自己的目标，掌控好自己的情绪，分配好自己的时间。

《爆发：打造核心竞争力》 陈韵棋、程不困/主编

推荐人：帅兴

企业管理教练，DISC+社群联合创始人，2021年《中国培训》杂志封面人物，《爆发：打造核心竞争力》联合作者。

我想到一个办法，不但可以让你的表演更精彩，还能让你把自己的绝活变成赚钱的手段。

不要为了吸引客户的注意而大声叫喊，你应该在暗示客户购买你的产品之前，为他们创造价值，从而吸引他们的注意。

当你为了生计而拼命时，任何看起来可能赚钱的机会你都不会放过，但对绝大多数人来说，一旦赚到钱，生意就不只是赚钱那么简单了。

《浪潮式发售（全新升级版）》 [美]杰夫·沃克/著

推荐人：苏哲

著名实战派营销专家，拥有15年营销实战工作经验，发表的2篇文章在24小时内收款80万元，发表的1篇文章、3段视频作品在20分钟内成交360万元。

如果你关注自己，你就只有一次机会赢得比赛，如果你开阔眼界，把他人也纳入你的关注之中，那么你的胜算将大大提高。

最令人悲哀的是那些仿佛被凝固于时间中的人，任何好事都不会发生在他们身上，因为他们似乎不思变迁。

当一个新行业兴起之时，大多数人都恐避之不及，因为他们在这个新行业里毫无经验。但是不要忘了，其他人也一样，这就是为什么新行业代表着黄金机遇。

《人生定位》 [美]艾·里斯、[美]杰克·特劳特/著

推荐人：王帆

AI智能学习空间主理人，学习能力指导师，儿童心理咨询师。

如果只记曾国藩的一句话，就记“大处着眼，小处下手”。

安身立命，掘井及泉，自己养活自己，不给其他人添麻烦，胜过其他人间无数。

成事的人，以平常心看待嫉妒和贪心，别苛责自己，以平衡心处之，不要让底线失守，不过分，不害人。

《成事：冯唐品读曾国藩嘉言钞》 冯唐/著

推荐人：王林涛

高级家庭教育指导师，高考志愿规划师，得到听书与电子书学习委员。

我决定活得有趣，平稳的人生一定闷，我受不了闷，我决定活得有趣。

兴之所至地活，才算精彩；珍惜每一刻应得的享受，把人生充分地活捉了它。

吃喝玩乐，才最具有学术性；一个人来到这个世界，要爱最可爱的，最好听的，最好看的，最好吃的，有趣地活着。

《我决定活得有趣》 蔡澜/著

推荐人：王韶光

22年IT（信息技术）行业销售顾问，企业信息化咨询领域专家。日拱一卒，在终身学习的道路上一往无前。

人们最终都只能真正理解和欣赏与自己的本性相同的事物。

在某种程度上，清晨时光就是生命的本质。

绝大部分人在世界这个舞台上都是默默无闻的，而后便永远地消失了，只有智者过着既是演员又是观众的双重生活。

《100种幸福：生活的答案》 [德]亚瑟·叔本华/著

推荐人：夏天

于中国科学院大学攻读应用心理硕士研究生，职场及个人成长咨询师，婚姻情感指导师，正念教练，幸福智慧探索者。

每天反复做的事情造就了我们，然后你会发现，优秀不是一种行为，而是一种习惯。

在追逐梦想的路上，不是拥有最多资源的人最成功，而是那些不断学习、勇于行动，并始终坚持自己目标的人最能够实现梦想。

穿过黑暗不一定会有光，但至少不会让你一直困守原地，因为你始终保持着前进的状态在发现希望、追寻希望。如若你因为看不见光明而不去摸索前进，那么你只能是坐以待毙。

《隐形的翅膀》 程羚惠/著

推荐人：李晓帆

流量裂变、私域发售操盘手，3个月发布90条抖音视频，零投流实现涨粉60多万，总播放量超过2亿，单场直播观众人数超过400万。

“

没有专家比你自己更称职。

孩子病了，家长需要做什么？首先要安心、静心。

要从每一次生病中学习。

”

《儿童健康讲记：一个中医眼中的儿童健康、心理与教育》 李辛/著

推荐人：邢妍

中国民间中医医药研究开发协会针灸教育分会理事，7年小儿推拿实践者，NLP执行师。

“

我们终于开始学会冷静理性地看待生命之流变，意识到不是只有自己在失去、在衰老、会生病、经历挫折、没有安全感。每个人的生活都充满变化起伏，有得有失，这是普遍的，也是自然的。

当一些突发事件，如疾病、灾难，打断我们惯常的思维方式，我们就会发现其实自己并不像原先以为的那样需要很多条件才能感到快乐。

只要不舍内心的善良，我们每个人的一生都可以是个无尽藏。

”

《次第花开》 希阿荣博堪布/著

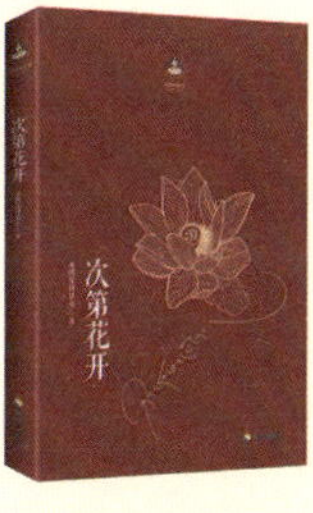

推荐人：杨玲

恒益谦心理创始人，NLP执行师，受众超过3万人。

著名的心理学家，也是我心目中的大师荣格说，“You have to feel，in order to heal”。翻译成中文是：“你必须去感受，才能够得到疗愈。”

我们做每一件事，其实没有一件不是为了自己。如果承认这点，就为自己所有的行为负起责任，同时，不要因为得不到感激而失望。

接受现状，拥抱真相，不要再粉饰太平，这是唯一的出口。

《舍得让你爱的人受苦》 张德芬/著

推荐人：杨倩

公共管理硕士，会计师，NLP执行师导师，女性能量工作坊导师，理解六层次技能提升个案工作坊导师，DISC授权讲师。

真正决定我们身份的是我们的行为。

世界是动态的，如果我们无法阻止变化的进程，也无法改变这种动态的节奏，唯一能做的就是迅速提升我们的思维模式。

成年人常常误以为只要表达了自己的想法，对方就一定能完全理解自己的真实意图。

《职场幸福力——学习和改变的逻辑层次》 徐珂/著

推荐人：杨睿

中学教师，NLP执行师，家庭教育指导师。

如果一个人懂得沟通，那么他就有更多的机会赢得他人的欢迎，更有能力向他人充分展现其专业素质，也更容易在社会上获得成功。

教练技术发挥作用的核心就是通过提供支持，激发客户找到解决自身问题的答案。

只有知道自己的位置和要去的地方，我们才有能力采取合适的行动，否则南辕北辙，只会带来时间、精力上的极大浪费。

《爆发：打造核心竞争力》 陈韵棋、程不困/主编

推荐人：叶红

西安交通大学授课讲师，博士，科学嗨跑创始人，企业管理教练，主讲课程包括“可复制的领导力”“管理沟通”“打造高效能的个人及团队”。

“

成功不在难易，在于身体力行去做。

生命不在于拥有，而在于有用。

前半生不要怕，后半生不要悔。

”

《王阳明心学的智慧》 宿春礼/编著

推荐人：岳思彤

家庭健康管理师，国学爱好者，14年艾灸小儿推拿调理师，松岳堂艾灸馆创始人。

组织内部每个成员都是一个价值传递者，需要通过积极的沟通和合作，将组织的价值传递给其他成员，并共同实现组织的目标。

沟通是一个非常复杂的过程，那些拥有强大智慧的人往往能够在其中灵活应对，创造出许多机会，并且在这个环境中拥有更多资源，从而立于不败之地。

一个人如果无法愤怒，就像是把生命的力量都锁上了密码，而这个密码锁的形成很有可能与个人的成长经历有关。

《职场幸福力——学习和改变的逻辑层次》 徐珂/著

推荐人：昝雪花

家庭财富风险管理师，低风险创业读书会会长，家庭教育指导师。

无论面对何种挑战或困境，只有通过积极尝试和实践，我们才能获得真正的成长和进步。

只有拥抱变化、灵活多变，我们才能在人际交往中展现出智慧和成熟，建立良好的人际关系，并在日常生活中取得更多的成功。

当我们真正能够与自己的情绪连接，就能借助这些情绪与世界上其他人连接，让我们在生命的旅程中不再孤单，拥有真正的心灵共鸣和情感支持。

“

无论正确与否，人都会思考，也无法阻止自己的思考——思考会引发决策，而后带来行动，进而构成命运。于是到最后，我们每个人的命运其实都是自己思考的结果。

思考决定选择，选择决定命运。

时间是发展的唯一路径。

”

《财富的真相》 李笑来/著

推荐人：赵锦绣

儿童情商教育高级指导师，暖心教育创始人。

不要坚持亲眼看到的才相信，要知道，眼睛能看到的是非常非常有限的。

人生就是阶段性的调整。

一个家庭最重要的是家教，是家风，是家传的一些不可改变的原则。

《易经的奥秘（完整版）》 曾仕强/著

推荐人：赵岚

资深教育人，良心文化曾师版权课认证导师，帆书翻转讲师认证导师。

每棵草都有每棵草的花期，哪怕是最不起眼的牛耳朵，也会把黄的花，藏在叶间，开得细小而执着。

梦想很美好，但也很现实。梦想缥缈如天上的云彩，任我们再踮起脚尖，也无法与它相握，这时，我们要学会的是，适时放手，让梦想拐个弯。

初心里，哪有什么风雨雷电呢！哪有什么毒蛇猛兽呢！是相信这个世界的所有。相信鲜花，相信彩虹，相信笑容，相信温暖，相信纯真和善良，相信承诺。

《丁立梅的阅读课Ⅱ：让梦想拐个弯（彩色珍藏版）》 丁立梅/著

推荐人：仲宸

未来之星，未来画家、舞蹈家、演说家、作家，围棋爱好者，运动达人，一个能安静独处的有趣灵魂。

“

前进的秘诀是开始行动。

世界如此辽阔，等待你的不只是遥远的地平线，还有属于你自己的精彩旅途。

真正的自由来自内心的无畏，而不是外界的许可。

”

《自由人生》 李海峰、钱洁/主编

推荐人：Lily千百合

五本心灵自由英文著作译者，身体、心灵、财富、时间、空间自由的“五由人”，人生百国、匀称健康传播者。

每个人的成就都无法超越他的品格上限。

除非先感动人心，否则你无法叫人付诸行动。先争取人心，而后才能诉诸理智。

我们的目标是什么？我用一句话回答：赢得胜利！不惜任何代价，不管面对多少恐怖，我们就是要打胜仗！不管这条路有多长、多难。因为如果不能得胜，我们就只有灭亡。

《领导力21法则：追随这些法则，人们就会追随你》[美]约翰·C.马克斯维尔/著

推荐人：蔡留照

德国投资创业商业顾问，毕业于武汉大学，在德国生活、经商29年。

上古之人，其知道者，法于阴阳，和于术数，食饮有节，起居有常，不妄作劳，故能形与神俱，而尽终其天年，度百岁乃去。

夫四时阴阳者，万物之根本也。所以圣人春夏养阳，秋冬养阴，以从其根。

是以圣人为无为之事，乐恬淡之能，从欲快志于虚无之守，故寿命无穷，与天地终。

《彩色图解〈黄帝内经〉》 杨雷利/著

推荐人：跨文化焱姐

毕业于北京大学，欧美商科双硕士，领导多元团队的注册会计师，跨文化沟通教练，畅销书《自由人生》联合作者，中医世家后裔。

“

我有力量。我是自己生活的主人。我能选择自己的态度。

个人使命宣言就像一棵扎根很深的大树。它很稳固，不会四处游移，但它也是生机勃勃的，而且在不断生长。

重要的事情最先完成是需要勇气的，往往会使你跨越到舒适区以外。

”

《杰出青少年的七个习惯（精英版）》 [美]肖恩·柯维/著

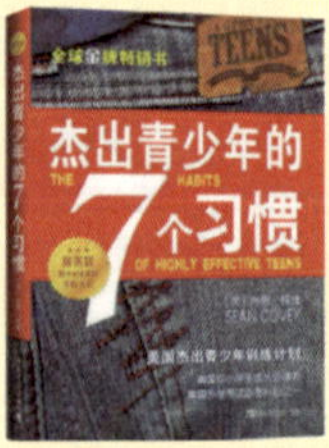

推荐人：樊晓睿

跨文化焱姐的女儿，喜欢画画（6岁作品收录于《中国国际少儿美术年鉴》）、热爱音乐（英皇钢琴演奏8级）、成绩全优的中学生，习英语、法语的未来音乐老师。

选择大于努力，方向决定人生！

拥抱“自由而无用”。

上大学从来不仅是高三这一年的事情，小学、初中、高中，各个阶段的准备都很重要。

《从小规划大学（全2册）》　开心教育研究中心/编

推荐人：爱达（Ada）

拥有19年培训及升学规划指导经验，指导1万多名小学生、初中生实现英语提分。

一种常见的直觉是，想制造口碑效应，就要找对人。那些特殊之人具有点石成金的能力。

人们会分享他们关心的话题。

故事是学习文化、了解世界的重要源泉。

《疯传：让你的产品、思想、行为像病毒一样入侵（经典平装版）》 [美]乔纳·伯杰/著

推荐人：Anna姐

葡萄酒进口商，连续创业者，创始人IP教练。

力所能及地做到极致。

语写的作用取决于我们所表达的是什么。

长期主义，终身成长，做人生的主人，做财富的主人。

《时间合伙人：长期主义者的成事心法》 李海峰、剑飞、麦风玄/主编

推荐人：Joy

Joy剑飞体系深度践行者、合伙人，生命教练，“时间的朋友”社群发起人，畅销书《重塑人生：你内在的英雄战无不胜》《时间合伙人：长期主义者的成事心法》联合作者，《金句之书》编委成员及荐书官。

凡事往简单处想，往认真处行。

投资就像打棒球，你要让记分牌上的得分增加，就必须盯着球场，而不是盯着记分牌。

做正确的事情能给个人的品格和事业带来很大的好处。

《穷查理宝典：查理 · 芒格智慧箴言录》 [美]彼得 · 考夫曼/编

推荐人：陈尚峰

企业董事长，天赋潜能咨询顾问，商业品牌顾问。

努力接近灵性导师，学习真理，询以疑难，全然顺从，而且为他服务。自我觉悟的灵魂，因见到了真理，故能授你以知识。

这门知识是教育之王，是最秘密的秘密，是至纯至粹的知识，因为它令人直接觉悟到自我。

哪里有一切玄秘之主奎师那，哪里有勇不可当的弓箭手阿诸纳，哪里就一定有富裕、胜利、道德和超然的力量。

《博伽梵歌原意》 [印度]A. C. 巴克提维丹塔·斯瓦米/著

推荐人：杜俊慧

金钱拆解师，潜意识梦想成真导师，师从国际顶级灵性导师，通过潜意识疗愈帮助上千人提升身心能量。

“

真相，既非人人能见，也不是人人想见的。

精神，是一种能量。可以救赎，可以长存。

信仰是在大千世界的面前保持着犀利的痛苦、冷静的爱和激情的对真理的认知；是一种独立的精神，而不是对他人的救赎的依赖；是让自己变大，而不是让自己跪下。

”

《生命沉思录》 曲黎敏/著

推荐人：朱恩可

个人成长教练，多维灵气疗愈导师，命理占卜师。

“

正念养育召唤我们怀着新的觉知和意图去面对养育中的可能性、收获与挑战。

所有的孩子都是独特的，每个孩子都是一个充满无限可能性和感觉的神秘宇宙。

幸运的是，我们有很多选择。

”

《正念父母心：养育孩子、养育自己》 [美]乔恩·卡巴金、[美]麦拉·卡巴金/著

推荐人：葛瑶

正念生活艺术家，K12（从幼儿园到高中阶段）正念教育轻创业者，正念减压提分教练。

只有给予孩子符合时代要求的自由、宽容、解放和尊重，才能期待孩子创造出不一样的未来。

没有培养出一个大学生来并不代表父母失职，而教育出一个没有责任感的孩子才是父母在教育上最大的失败。

当孩子感受到被人尊重、感受到自己的爱得到别人的理解和接受时，要比接受到父母的爱更为快乐！

《孩子的问题都是父母的问题》 包丰源/著

推荐人：泾文姥姥（光明姐姐）

焦虑宝妈陪伴成长教练，家庭教育导师，私域IP文案操盘手，泾文品质生活馆主理人。

“

物极必反，情深不寿。在爱情里不迷失自己，也不试图去占有别人。

慢慢走自己的路，不必懊恼，因为每步都自然有其特定的用意。

人生有两个方向：一个方向是往大处拼搏，保持对事业的激情；一个方向是往小处生活，保持做人的温度。

”

《终有一天你会懂》 琢磨先生/著

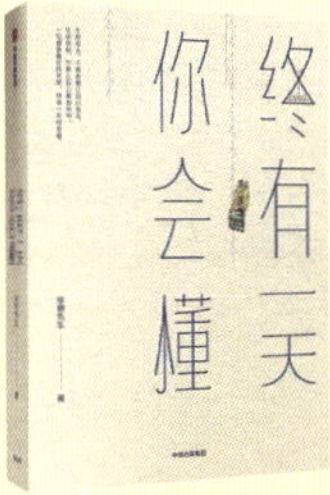

推荐人：姜沐梓

自由创业者，银行经营管理培训师，自由撰稿人。

“

心若乌云密布，世界就黯淡无光，做事也就阻碍重重。心若阳光明媚，世界就灿烂多彩，做事也就一顺百顺。

你行动还是不行动，关键在于你快乐还是不快乐。

每当你提供价值却不收费的时候，就是在向宇宙强化你的不值得感。

”

《和财富做朋友：看清财富的底层逻辑》 佘荣荣/著

推荐人：开心

国家二级心理咨询师，具有15年执业经验、超过6500小时临床经验，擅长领域为处理原生家庭与个人的关系。

“

在“成为自己”这件事情上，没有人能比得过你。如果你打造和推介的内容是自我的衍生，那就没有人可以与你竞争。

“只有独辟蹊径，才能避开竞争。”从本质上看，竞争就是模仿，与他人竞争，是因为你跟别人在做一样的事情。但是，每个人都是独一无二的，不要模仿他人。

要积累和发展专长，就要发挥自己的天赋，研究自己真正好奇的东西，追寻自己的热情所在，而不是选择一个当下的热门专业，然后在毕业后进入投资者宣称的热门行业。

”

《纳瓦尔宝典》 [美]埃里克·乔根森/著

推荐人：李亚君

教育学硕士，MBTI（迈尔斯-布里格斯人格类型测验）国际认证施测师，中国科学院认证心理咨询师，CCDM（中国职业规划师）。

若用心沉思，每一件物品都会为我们打开一个新的感官。

觉知可以像海绵里的水一样渗入皮肤。对皮肤的感觉保持正念觉察，这种感觉就像我们的心正栖居于皮肤上那样。

如果你能够用觉知来拥抱自己的怀疑、不快乐、困惑、焦虑、痛苦，这些状态就不再是“你的”了。

《觉醒：在日常生活中练习正念》 [美]乔恩·卡巴金/著

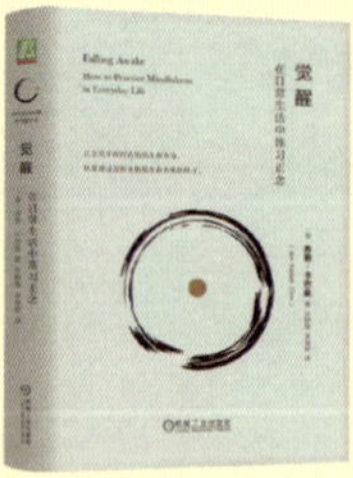

推荐人：刘栩旗

高级情绪疗愈师，主办百场上千人次的情绪咖啡沙龙，助力都市女性通过情绪认识自己，走向觉醒之路。

“

中国文明的灵魂其实就是士大夫文明，士大夫的价值观所体现的就是一个如何提高自我修养、自我超越的过程。

如果你确有能力，你就会非常清楚能力圈的边界在哪里。如果你问起（你是否超出了能力圈），那就意味着你已经在圈子之外了。

获得智慧是一种道德责任，它不仅仅是为了让你们的生活变得更加美好。而且有一个相关的道理非常重要，那就是你们必须坚持终身学习。

”

《穷查理宝典：查理·芒格智慧箴言录》 [美]彼得·考夫曼/编

推荐人：刘志瑞Jerry

教育行业商业顾问，生命绽放教练，教育商业联盟—教育者小会发起人，致力联合1000位教育者帮助10万个孩子生命绽放和家庭幸福。

“

没有什么比模仿更能降低风险了。

在你决定创业之前，要想清楚谁能从你的解决方案中获利。

融资获得的弹药都是需要回报的，士兵在战场上的弹药不需要偿还。

”

《穿越寒冬——创业者的融资策略与独角兽思维》 [美]史蒂文·霍夫曼/著

推荐人：Cherry马

环宇集团副总经理。

坚持“做正确的事”，产出是“正确的事”的副产品。

被正反馈推着走，是一种事半功倍的学习和工作模式。

我们自以为的失败、颓废乃至绝望，很多时候只是庸人自扰。

《意志力红利：让你说到做到的底层逻辑》 高太爷/著

推荐人：猫药师

AI自动化发售体系创始人、辰言商学院AI创始人。服务企业进行AI赋能，帮助IP和操盘手在一场发售中节约10人以上的人力，提升业绩20%～50%。

在竞争日益激烈的今天，它揭示了现代企业经营的本质（争夺用户），为企业阐明了获胜的要诀（赢得心智之战），是商务人士的必读之作。

《韦氏词典》对战略的定义是针对敌人（竞争对手）确立最具优势的位置（position）。这正好是定位要做的工作。

定位是一种逆向思维。定位不是从自身开始，而是从潜在顾客的心智开始。

《定位：争夺用户心智的战争（经典重译版）》 [美]艾·里斯、[美]杰克·特劳特/著

推荐人：李尚谦（谦哥）

心智教育IP孵化创始人，教育IP咨询专家，资深媒体人，服务多家品牌机构与超级个体。

这个世界只要你不放弃自己，世界就不会放弃你！

坚持学习和成长，才能把每一天都过得热气腾腾！

你想要的一切美好事物，都可以由你自己创造出来！

《友者生存3：每个内在都闪闪发光》 李海峰、卓雅、乔帮主/主编

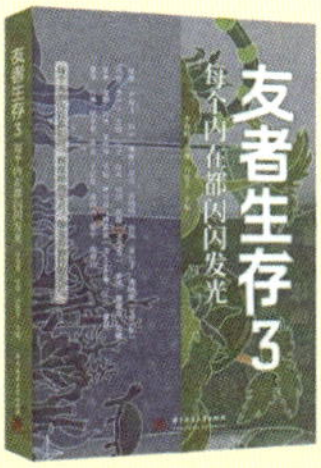

推荐人：全婉灵

私人定制健康陪跑教练，专注中医健康管理11年。

上善若水，水善利万物而不争；处众人之所恶，故几于道。

人法地，地法天，天法道，道法自然。

知其雄，守其雌，为天下谿。知其白，守其黑，为天下式。知其荣，守其辱，为天下谷。

《道德经》〔春秋〕老子/著

推荐人：世音

基金公司合伙人、产业投资人，法国里昂商学院在读博士，世界500强企业前高管，畅销书《友者生存1：善用贵人杠杆》联合作者。

云谷禅师所授立命之说，乃至精至邃、至真至正之理，其熟玩而勉行之，毋自旷也。

大抵最上治心，当下清净；才动即觉，觉之即无。

故志在天下国家，则善虽少而大；苟在一身，虽多亦小。

《了凡四训》〔明〕袁了凡/著

推荐人：悦平

族豪研习社创始人，高级家庭教育指导师，畅销书《友者生存4：为全世界加分》《睡个好觉：重塑自主睡眠》联合作者。

上行，下效。存乎中，形于外。

你的生命掌握在你手中。不论你现在身处何处，不论你生命中发生过什么事，你都可以开始有意识地选择你的思想，进而改变你的命运。根本没有所谓的“绝境”，你生命中的每个境况，都是能改变的！

我们现在的一切，都是过去思想的结果。

《秘密》 [澳]朗达·拜恩/著

推荐人：郑传翠

西门子工控配件部销售，终身学习者，本书推荐官。

我一直相信，机会是靠争取得来的。

我之所以是我，都是我过去的信念创造出来的。

我们不能左右风的方向，但我们可以调整风帆——选择我们的态度。

《洛克菲勒写给儿子的38封信》 [美]约翰·洛克菲勒/著

推荐人：米哈

艺术硕士，批量发售操盘手，产品设计专家。

你的行为会影响你和他的情绪！

有效教练三原则：让学员负责而不是替他负责，关注学员想要的而不是关注他不要的，让学员既要有意愿又要有能力。

领导者必须具备的两种能力：

（1）影响力：发挥自己的特质的优势，广种善因；

（2）整合力：看别人都要顺眼，广结善缘。

《领导力：领导者性格与知人善任》　李海峰/著

推荐人：李艳君

阿翔优视觉联合创办人，项目总监，认证视觉笔记师项目主任。

所有的家长都应该记住，体现在孩子身上的一切因果，都是家长自己种下的。

所谓的“再教育”，其实是给那些已经中断了学习的父母去讲的，他们终究要通过改变自己来实现对孩子的改变。

教育不可能只是学校的事情，更不可能只是补习班的事情，父母在这个多元化的时代转变中也需要修炼，他们开始学着怎样去成为教育型的父母。

《做从容的父母》 尹烨/著

推荐人：温迪

儿童成长规划专家，毕业于北京师范大学教育心理学专业，27年成功辅导3000多个家庭的孩子。教育有规划，孩子自信当学霸。

你比自己所知的更强大。你身边都是潜在的盟友。你是自己故事中的英雄。

心流研究表明，相较于被动的放松活动，富有挑战性的互动任务其实让我们对自己的所思所感更有控制力。

选好幸运符之后，在脑海里尽量清晰地想象它，如果你现在就能把它拿在手里紧紧握住，那就更好了。

《游戏改变人生》 [美]简·麦戈尼格尔/著

推荐人：陈婉瑜（Rachel）

游戏化教育创业者，原创桌游设计师，作家。

“

最难的理财技能是让逐利适可而止。

致富是一回事，而守富则是另一回事。

富有的最高级形式是，每天早上起床后你都可以说：“今天我能做我想做的任何事。”

”

《金钱心理学：财富、人性和幸福的永恒真相》 [美]摩根·豪泽尔/著

推荐人：花花

香港友邦财富管理经理，香港身份和教育规划专家，深圳亲子生活方式品牌遛娃手记创始人。

个人和社会若要赢得未来，学校须培养当代学生，使之具备全球胜任力。全球胜任力为培养全球经济的就业力所必需。

具备全球胜任力者能够对当地、全球、跨文化议题或形势做出有效和负责任的回应。学生虽然年纪小，但同样可以带来积极改变，影响朋友、社区成年人以及与之网上交流的人。

要掌握全球胜任力，学生需要积极投入学习，并有时间和机会进行思考。他们需要培养好奇心和批判性思维能力。他们需要能够运用所学，针对复杂问题制定合理的解决方案。他们需要自信地表达个人看法，同时愿意考虑他人观点。他们需要学会与不同背景和国家的同龄人合作。

《为全球胜任力而教——在快速变革的世界培养全球胜任力》 经济合作与发展组织、亚洲协会/著

推荐人：陈雅静

愿航教育创始人，上海民办包玉刚实验学校前教员，10年教育者，双胞胎母亲。

“

销售不是推销，不是王婆卖瓜自卖自夸，是用对方能接受的方式，影响对方，成就对方。

你认识的人不是人脉，你能帮助的人才是。

三流的销售讲特点，二流的销售讲优点，一流的销售讲利益点。

”

《多卖三倍》 弗兰克/著

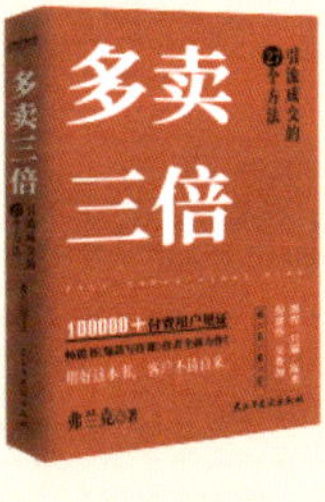

推荐人：程相志

演讲教练、生命赋能教练，倡导让生命像太阳一样给他人带去光。

“

最佳状态的人类组织规划和变革是一个以肯定和欣赏为基础的关系探询过程。

我们不是描述我们看到的世界，我们是看到我们描述的世界。

当我们所期待的未来的意象和愿景在当下上演时，正向的改变就发生了。

”

《欣赏式探询的威力：正向改变的实践技能指导》 [美]黛安娜·惠特尼、[美]阿曼达·赛思顿–布伦/著

推荐人：代志杰

WFA（国际促动师协会）副会长，专家级促动师，曾取得“一级人力资源管理师”称号。

如果生命是一条项链，那成长便是串起珍珠的线，珍珠便是我们生命中大大小小发生的事件。

理解真实的规律，看见真实的自己，不再装模作样，不必刻意讨好，不再贪得无厌，你会从心底油然而生一种脚踏实地活着的真实感。

请不要给自己设限，顺应你的内心，去做任何你想做的事情！成长，便是勇敢追随你的内心。

《无畏成长：新职场女性成长7堂课》 段芳/著

推荐人：范希文

资深律师，拥有10年律所工作经验，
曾服务于华为、荣耀、资生堂等知名企业。

做离钱最近的事情。

出现在别人的生命里，要像一份礼物。

我有什么不重要，你需要什么才最重要！

《多卖三倍》 弗兰克/著

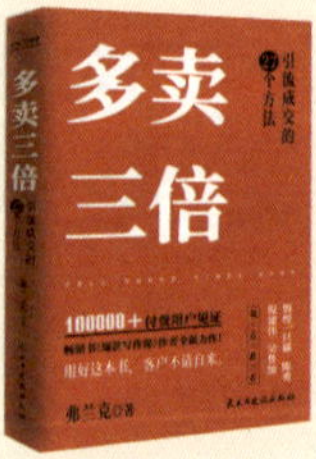

推荐人：弗兰克

增长顾问，《爆款写作课：打造爆文的3个黄金法则》《多卖三倍》作者，3个孩子的父亲，33岁开始写作，至今输出1300多万文字。

“

要改变外在的一切，唯一的办法就是修己。

《易经》告诉我们没有好坏，没有对错，没有是非，只有合理不合理。合乎时宜就叫合理，不合时宜就叫不合理。

《易经》的思维告诉我们，没有十全，有好一定有坏。当你得到一些东西的时候，也丧失了很多东西。

”

《易经的奥秘2》 曾仕强/著

推荐人：可然

高维创富圈创始人，个人成长陪伴咨询顾问，“传承国学智慧、用《易经》改变人生”的实践推广者。

人世间所有的伟大行动都是默默无闻地完成的，而人世间所有具有智慧的人总是能够把握机会，取得成功。

无法将我置于死地的，更令我坚强。

无法蜕皮的蛇必定灭亡，思想者也是这样。假如受到阻碍让他们无法互通见解，他们就不能称为思想者。

《人类群星闪耀时》 [奥]斯蒂芬·茨威格/著

推荐人：余石泽

自媒体博主和独立投资人，深圳青年茶馆和ESG（环境、社会与公司治理）餐厅合伙人。

“

IP即内容。

把握内容三要素——真实真诚、持续产出及干湿结合。

所有的内容在本质上都是博主的自问自答，博主设定问题，然后自己回答。

”

《请停止无效社交》 肖逸群/著

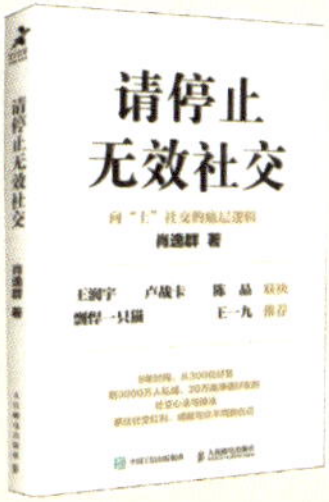

推荐人：林璟

格掌门研习社学员、李菁老师私教学员，已取得中级IP操盘手证书。

“我来”这两个字蕴含领导者思维。可以从中引申出“我想来”“我该来”“我能来”。

一艘船如果没有配备救生艇，那么船员的心态必然是脆弱的。

人生使命可以使一个人在他真正热爱并且擅长的领域努力，令人每天都充满激情，一睁开眼就想工作，甚至像巴菲特一样“跳着踢踏舞去上班”。

《自律上瘾》 何圣君/著

推荐人：孟宪慧

中国讲师网认证TTT（国际职业培训师标准教程）讲师，慧泉成长学院创始人，《社群发售变现，你也学得会》联合出品人。

估值正确却不坚定地持有，用处不大。估值错误却坚定地持有，后果更糟。这句话表明恰到好处是多么困难。

认为风险已经消失的看法是最危险的风险源头之一，也是促成泡沫的主要因素。

与对世界不确定的认识相伴而行的其他表现为：适度尊重风险，知道未来不能预知，明白未来是呈概率分布的并相应地进行投资，坚持防御型投资，强调避免错误的重要性。

《投资最重要的事》 [美]霍华德 · 马克斯/著

推荐人：潘东升

全职投资人、千人付费社群创始人，为资产规模过亿元的企业提供投资顾问服务，连续5年投资收益率超10%，全网粉丝超过15万。

专注就是，一切对这份工作没有帮助的事情，全都暂停。

比起强者们当下的成功，我更关心这些人最初是什么样的、这么多年来他们是怎么一步步走过来的、是什么给他们带来了今天的成就，这些才是真正对我有价值、有指导意义的。

人生不是太短了，而是太长了，长到每个人都有机会做成自己想做的事，成为自己想成为的人。

《学会成长：爆发式成长的25个思维模型》 粥左罗/著

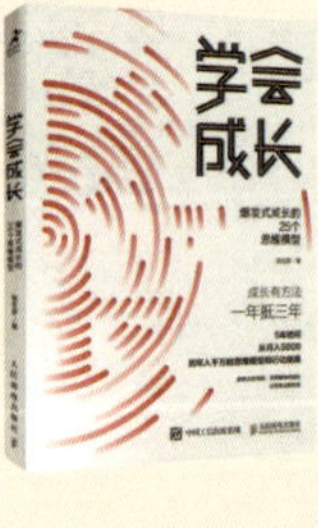

推荐人：山河

网易蜗牛领读人，顶峰会成员，长期主义践行者。

独立寒秋，湘江北去，橘子洲头。看万山红遍，层林尽染；漫江碧透，百舸争流。鹰击长空，鱼翔浅底，万类霜天竞自由。怅寥廓，问苍茫大地，谁主沉浮？

一年一度秋风劲，不似春光。胜似春光，寥廓江天万里霜。

宜将剩勇追穷寇，不可沽名学霸王。天若有情天亦老，人间正道是沧桑。

《毛泽东诗词注音读本（上册）》 杜改运、杜晓华/编著

推荐人：筱倩

AI赋能知识IP践行者、终身学习者、天赋数字咨询师，专注个人成长和家庭教育规划。

互联网极大地拓宽了职业空间。大多数人还没有清晰地认识到这一点。

把时间花在省钱上是不会致富的，省出时间来赚钱才是正确的思路。

一条简单的人生经验：如果在一个艰难的决定上意见不统一，你就应该选择短期内更痛苦的道路。

《纳瓦尔宝典》 [美]埃里克·乔根森/著

推荐人：杨风

高客单私域变现专家，资深商业顾问，终身学习者，专注解决私域高客单成交卡点问题，助力更多IP完成闭环。

只有当你不过分追求金钱时，财富才可能不期而至，并且带来内心的自在与安乐。

你用语言竭尽所能地伤害别人，只会让自己越来越残忍，这种残忍所散发出来的气场，会让你在人生中越走越艰难。

最有价值的人，不一定是最能说的人，善于倾听才是智者的特质。

《做才是得到：苦才是人生2（践行版）》 索达吉堪布/著

推荐人：校长

人力资源师、健康管理师，从事人力资源管理和大健康产品运营。

“

解决焦虑最好的办法是找件能做又喜欢做的事行动起来。

读万卷书不如行万里路，行万里路不如阅人无数，阅人无数不如高人指路。一个人走得快，一群人走得远。

你要相信让自己变好是解决一切问题的根源，相信你的人生应该由自己定义，相信你自己值得，相信相信的力量。

”

《真希望你像我一样只取悦自己》 Angie（张丹茹）、陈晶晶、思林/主编

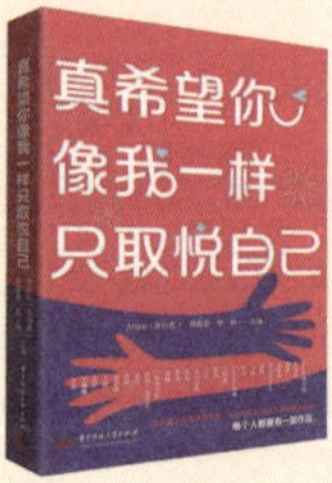

推荐人：萍萍

高级绘本阅读指导师，家庭教育IP操盘手，AI社交新旅游合伙人，家庭教育旅行家。

一个人在没有觉悟的时候，怎样确定自己找到的就是真正的善知识呢？你要仔细观察自己的心灵。你要观察自己在跟他人接触的时候，是渐渐变得清净、宽容、明白，还是变得更加贪婪、仇恨、迷惑。

所谓真正的价值，是一种利众的精神，当你站在宇宙、众生的立场上，做一些真正利众的事情你才能实现自己真正的价值。

你要自省，并且向往。自省就是发现自己的不足；向往，就是敬仰并效仿比自己更伟大的一种存在。

《世界是心的倒影》 雪漠/著

推荐人：赵媛

商业营销策划师、赋能教练，把生命活成美好的礼物，成长赋能超过200人，提供新营销服务的企业超过500家。

不是发自内心的东西，就不能带来真正的改变。

没有一种批判比自我批判更强烈，也没有一个法官比我们自己更严苛。

如果你为自己负责，就会认识到你对自己是有自主权的，因此你就知道，自己有力量来改变处境，更重要的是，有力量改变你自己。

《蛤蟆先生去看心理医生》 [英]罗伯特·戴博德/著

推荐人：紫霞

跨境创业宝妈，7年教育人，赋能教练，陪你绽放自我，实现富而喜悦人生。

执行力的最高境界是和机器人一样，做了计划就能执行。

WOOP（Wish，Outcome，Obstacle，Plan）思考法是对习惯养成和计划执行非常有帮助的一种方法。

所谓heat check，它的绝妙之处在于：做到了，说明我今天状态上佳！做不到，那也没什么，就稳扎稳打。没有一种状况是失败的！

《心力》 邓亚萍/著

推荐人：李春丽

高级英语学习规划师，天赋学业规划师，DISC心理疗愈师。

拥抱极度求真和极度透明将带来更有意义的工作和更有意义的人际关系。

综合分析现实、理解如何行动的最好工具是逻辑、理性和常识。

痛苦+反思=进步。

《原则》 [美]瑞·达利欧/著

推荐人：叶屹洋（Jennie.K）

海外理财风险规划师、高级心理咨询师、高级家庭教育指导师；于纽约、香港取得双硕士学位；19岁创业，实现年营业收入达到2000万元。

“邪毒”聚集在人体内，堵塞经络正常运行，导致血管堵塞、体液变酸、细胞缺氧，并最终引起五脏功能紊乱、阴阳失调，疾病自然会找上门来。

汗液、眼泪、鼻涕等也是人体排毒的重要渠道，也就是说，我们要注意全方位排毒，只有这样，才能让血液和经络快速及时地疏通。

中医学认为，女人的根本是“血”，男人的根本是“精”，而“血”与“精”的根本就是“气”。

“

就像长跑者忍耐痛苦去体验“跑步者的愉悦感”一样，我已经基本上走出了为犯错而痛苦的阶段，而享受从犯错中学习的愉悦。

成功就是以尽可能高效的方式拼搏和进化，即迅速认识自身和所处环境，然后通过改变实现进步。

自然的一项根本法则是，为了赢得力量，人必须努力突破极限，而这是痛苦的。

”

《原则》 [美]瑞·达利欧/著

推荐人：饶冰婵

拥有18年教育领域探索实践经验，10年独自带娃游学半个中国，实践生命关怀理论。

我们的所作所为无时无刻不在谱写我们的人生剧本，一旦看透这一点，你从无名的演员转身成为自己人生的导演，也不难了。

看别人的电影，是为了反观自己的人生电影，是要让自己的人生电影成为高分电影，是要成为导演，能够自在导演自己的人生。

修行就是不断超越认知障碍，提升我们的意识能量的维度。修行的真正动力，是相信本自具足，同时有达到N维这个终极目标的大愿。在这个大愿下，中间任何层次的呈现，都是助缘。

《高维智慧看电影》 素说/著

推荐人：文继利

苏州地心力咨询创始人，国家二级心理咨询师，禅说电影苏州站影领家。

“

第一条原则是：生意应当是成功的，也就是应该能够赚到钱。第二条原则是：我们应当享受金钱，也就是说我们在赚钱的同时，应当学会如何保持身心健康。第三条原则是：当生意做完回首往事之时，你能够坦诚地说那些年做的生意是有意义的。

为了使自己和他人万事如意、心想事成，你必须培养慈悲心，以期在潜意识中植入对应的铭印。

只有不再区分自己与他人的人，才能够真正地通过慷慨布施，在心中植入铭印，让自己在未来看到大笔财富不断涌入。

”

《能断金刚——超凡的经营智慧》 [美]麦克·罗奇格西/著

推荐人：心怡

富而喜悦内观教练，幸福三人行创始人，笔的故事深度落地践行营第一人。

未来的路不好走，是一定的，但关键问题是你面对这个“不好走”的心态是怎么样的。

你的热血哪怕不沸腾，起码不要让它凉掉。

其实很多时候，不是孩子不愿意跟大人沟通，而是大人会把事情搞得让人扫兴，渐渐地，孩子就把门关上了……

《少年发声》 陈瑜/著

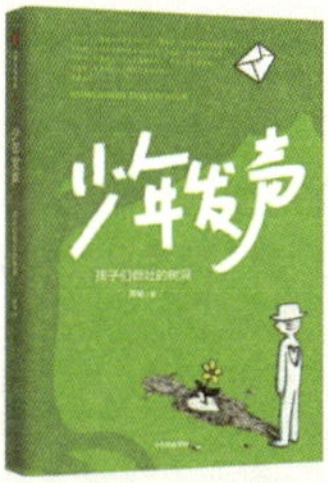

推荐人：逗号

实战派家庭教育系统成长顾问、青少年学习力指导师，培养儿子考入双一流高校。

你的目标不是强大和优秀，而是真实和自然，你的成功不是由财富多少来衡量的，而是在于你是否成为自己。

你成为怎样的自己，取决于你为自己和他人做了什么。

你的自信和底气一直都在，你表达爱是发自内心的，你付出爱是毫无压力的。

《刚刚好的人生：从心而活，顺势而为》 刘晨曦/著

推荐人：梦琪

手绘视觉笔记达人，AIGC（人工智能生成内容）艺术设计师，社群运营师。

以你内心的声音和伟大的神秘力量作为向导。

我要专注于自由的感觉，并投身于对我的幸福有益的活动中。

你可以自由自在地享受爱、仁慈以及社交所带来的开阔的心境。

《安住当下》 [美]朱迪斯·欧洛芙/著

推荐人：小毅

读书博主，写作博主，两个孩子的母亲。

伟大的企业家知道：不是每个想法都能成功。即使你的第一个想法没有被采纳，它也可能带你站在下一个伟大想法的门口。

永远不要白白浪费一次危机。绝望的时刻可以让你更加专注，更加坚定，并产生绝佳的想法，同时它的紧迫感会促使你采取行动。

不是要击败对手，而是要完全摆脱竞争。

《高成长思维》 [美]里德·霍夫曼、[美]琼·科恩、[美]德伦·特里夫/著

推荐人：卓然

她書世界创始人，三一書苑联合创始人，《金句之书》推荐官。

过程！对，生命的意义就在于你能创造这过程的美好与精彩，生命的价值就在于你能够镇静而又激动地欣赏这过程的美丽与悲壮。

天下大同，那其实是人类最为悠久的梦想，惟于其时其地。

凡·高所说的“经历生活”，分明是在暗示：此一处陌生的地方，不过是心魂之旅中的一处景观、一次际遇，未来的路途一样还是无限之问。

《我与地坛：纪念版》 **史铁生/著**

推荐人：飞

计算机软件相关专业在读大学生，喜欢阅读的“斜杠青年”。

“

心理学和医学中有一个基本概念，你的人生道路取决于三个要素：你如何应对你的挑战、保护你的弱点及增加你的资源。这些要素存在于三个地点：你的世界、你的身体和你的思想。

你的大脑由你的人生经历塑造，而你的人生经历则由那些你关注的事情塑造。带着正念，你可以将注意力放在正向心理资源的体验上，例如关怀与感恩，并将它们植入你的神经系统之中。

生活中大部分时候，你可以去关注原因，但无法控制结果。了解这一点有助于培养我们的责任心和内心的安宁感。

”

《复原力》 [美]里克·汉森、[美]福里斯特·汉森/著

推荐人：金峰

扬州清和文化创始人、江苏礼遇文化联合创始人，连续创业16年。擅长销售团队管理、B2B（企业与企业之间的电子商务模式）销售。

“

这些直觉一直在教导我一个道理——只有依靠自己，胜算才更大。

机会渺茫，但我是擅长抓住机会的女王。

先找到你的能力所在，再决定你是谁。

”

《你当像鸟飞往你的山》 [美]塔拉·韦斯特弗/著

推荐人：米硕儿

“00后”女性成长践行者，儿童情绪管理咨询深耕者，三一書苑联合创始人，英文阅读指导师。

每个人都会更容易认同自己的（或者与自己相似的）人格类型，个体熟悉这些人格类型所具备的价值观以及对事物的看法，自然也会觉得他们是正确的、舒服的。

尽管切换自己的固有人格偏好会带来各种好处，但最能准确预知未来趋势的还是直觉型，最务实的是感觉型，最善于分析的是思维型，而最善于与人打交道的是情感型。

我们了解人格类型是为了更好地鼓励并帮助个体遵循自己的天性，并在属于自己的道路上最大限度地发挥出自己的潜力。

《天生不同：人格类型识别和潜能开发》 [美]伊莎贝尔·迈尔斯、[美]彼得·迈尔斯/著

推荐人：天雅

南京航空航天大学管理学硕士，真我文化创始人，MBTI国际认证施测师。

这是一个让每个人都能成为超级个体的时代，一个通过成为超级个体就可以创造超级公司的时代。

其实我们每个人都在尝试着寻找属于自己的人生轨迹，就像海浪一样，不断拍打着礁石，不断高歌猛进。

你想要的一切美好事物，都可以由你自己创造出来！

《友者生存3：每个内在都闪闪发光》 李海峰、卓雅、乔帮主/主编

推荐人：童留

咨询师IP优势教练，江苏省广播电台《创客来了》节目访谈嘉宾，《友者生存3：每个内在都闪闪发光》联合作者。

谦卑和感恩是解决一切问题的万灵丹。

我们的思想总是在过去和未来，但我们的身体和呼吸永远在当下。

如果你总是为自己的反应方式负责，选择最佳状态去回应事物，那你生命中的烦恼将被快速消除。

《遇见未知的自己：全新修订版》 张德芬/著

推荐人：阳光小月

心轻松心理创办人，国家二级心理咨询师。

“

当你以梦为马，驰骋于世界之时，你所需要的人将会被你吸引。你们将一同以更大的力量来改造现实，让梦想成真。

当你与自己真正平和、自在地相处时，别人的一言一行将不会让你心生困扰。所有的负面能量都不过是过眼烟云。

优秀的领导者，以愿景激励别人为其打工。真正卓越的领导者，激励他人追寻自己的星辰大海。

”

《牛人心法：3步升级你的人生操作系统》 [马来西亚]维申·拉克雅礼/著

推荐人：流云

赢加咨询创始人，资深营销专家，亿元级电商操盘手。

戏如修行，意为先。神在先行在后，艺在先技在后。

《西游记》中的人物正义勇敢、善良真诚、乐观向上、自信执着，带给我们久久的感动，《西游记》带给我们的是一场历久弥新的灵魂历练。

愿我们都能有悟空这份责任意识和英雄气概，同时又有一颗永不磨灭的童心。

《行者》 六小龄童/著

推荐人：晨

身心疗愈师，古中医大健康践行者。

“

你的生命就像一条河流，你所走的人生道路，都是最小阻力的。

你必须知道自己想要什么东西，当你知道之后，就让那东西带领着你。

创造历程的最佳起点，其实就是终点。

”

《最小阻力之路》 [美]罗伯特·弗里茨/著

推荐人：教练Ivy

耶鲁大学管理学硕士，女性事业赋能教练，美国共创式认证教练。

打败敌人，是更高级的精准。

每个人都是一个世界，每个世界的渴望与难题都千差万别。

简洁是最低要求，亦是最高的标准。

《秒赞——文案女王20年创作技巧与心法》 林桂枝/著

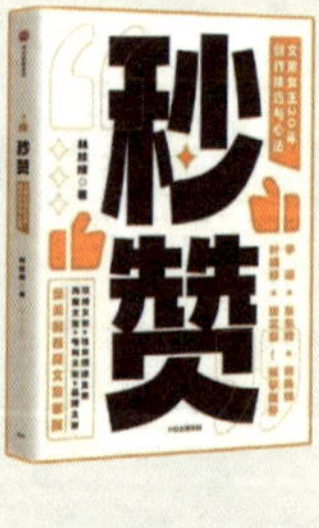

推荐人：司聿

电商创业者，个人成长教练，私域营销咨询培训师。

凡事往简单处想，往认真处行。

我认为保持良好的记录是非常重要的。如果你从一开始就能够在诸如诚实这样简单的事情上拥有完美的记录，你将会在这个世界上取得很大的成功。

在手里拿着铁锤的人看来，世界就像一颗钉子。

《穷查理宝典：查理·芒格智慧箴言录》 [美]彼得·考夫曼/编

推荐人：张仁喜

汇文读书会主理人，终身学习践行者，曾100天阅读33本书改变人生。

“必须要幸福”，不这样想的话才会幸福，放下人生多余的行囊。

痛苦会成为今后重要的经验，所以一次也不要浪费。

不求功名成就，只要能照亮某个角落就够了。

《人间值得》 [日]中村恒子、[日]奥田弘美/著

推荐人：张敏

国家二级心理咨询师，高级家庭教育指导师，终身学习践行者，喜欢读书、健身、旅游、交友。

你不是为了满足别人的期待而活着，我也不是为了满足别人的期待而活着，我们没必要去满足别人的期待。

一切人际关系矛盾都起因于对别人的课题妄加干涉，或者自己的课题被别人妄加干涉。

人生最大的谎言就是不活在此时此刻。

《被讨厌的勇气：“自我启发之父”阿德勒的哲学课》 [日]岸见一郎、[日]古贺史健/著

推荐人：海豚老师

六点奇迹读书轻创创始人，艺术学校创始人，发售陪跑教练。

纵使不敌，也绝不屈服。

我信，绝望之外的希望；我信，努力之后的可能；我信，生命之上的意义。

人生没有终点，只有更高的起点。

《相信》　蔡磊/著

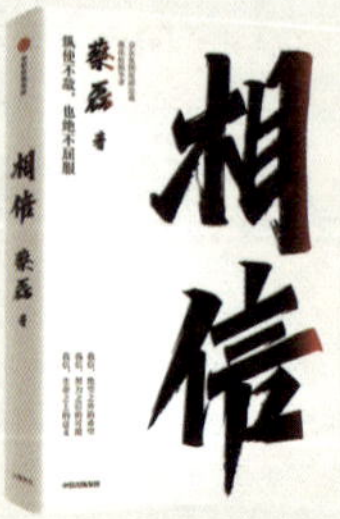

推荐人：逍遥清璇

公安作家、编剧，从小热爱写作，写作字数累计超过100万字，热爱文字与生活，力行用文字丈量世界，用生命宣传正能量。

找到自己的优势，是解决一切问题的关键。没有找对优势，会导致两个最可怕的后果：一是从不开始；二是半途而废。

世界上，最浪费时间的事情有三：找东西、情绪失控、犹豫不决。

未来不留给纸上谈兵的人，未来只留给有作品的人。

《优势成长》 帅健翔/著

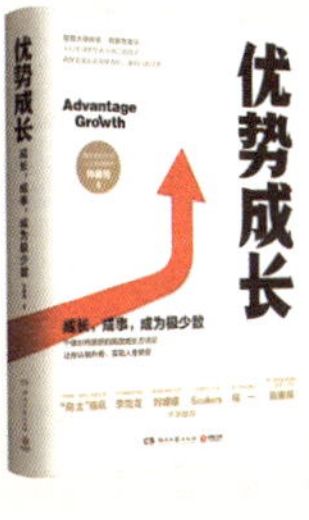

推荐人：邱安

职场教练，向上社交教练，终身成长践行者，帆书翻转师。

“

客户群的规模远没有客户共鸣度那么重要，所以你与客户之间的关系质量极其重要。

产品发售公式是树立权威的一种完美方式。

你的人生和事业是否成功，与你在这个世界上创造的价值紧密相关。

”

《浪潮式发售》 [美]杰夫·沃克/著

推荐人：邓琴

业绩增长教练，千万元级招商落地操盘手，拥有13年营销实战经验。

“

打造个人品牌，其实就是一个画等号的过程。就是你得让客户知道你等于什么，想到你就能想到你的核心价值，或者让客户想到他要什么时，就能想起你。

一个好产品，除了要帮客户解决问题之外，更重要的是降低客户使用产品来解决问题的难度。

但行好事，莫问前程。因为，前程就藏在你不断地做好事中。

”

《创业创富》 劳家进、夏聪/著

推荐人：毕鸿波

天津地区落户专家，DISC+社群联合创始人，DISC公益讲师。

人生每个阶段都要有个高目标，这样就能激励自己努力前进。即便高目标无法实现，最终的结果也不会差很多。

很多人都有改变世界的雄心壮志，可是如果连世界都没见过，又如何改变世界？

循规蹈矩的人获得成功的可能性是非常有限的，因为他们总是追随别人的脚步，没有勇气做别人没有做过的事情。

《读书改变命运——普通人如何逆袭人生》 郑毓煌/著

推荐人：耀融

金融机构健康管理IP操盘手，心血管疾病与慢病管理AI品牌主理人。

信心比黄金更重要。

没有人比你的操盘手更希望你成功。

用好礼物是团结用户的关键法门。

《大卖：百万发售实操36计》　一伊/著

推荐人：蒋思瑶

瑶妃教育主理人，女性能量IP导师，乐嘉性格色彩事业合伙人，原创音乐人。

成功的秘诀，就是不要逃避问题，不要在问题面前退缩；成功的秘诀就在于你要成长，让自己大于一切的问题。

你的财富是你创造的，你的贫穷也是你创造的，介于贫穷与富有之间的所有状态，也都是你自己创造的。

从一个人真正把自己投入的那一刻开始，上帝的旨意也会跟着动作。从那个决定开始，一连串的事件启动了，各种不同且无法预见的事件、人际遇合、物质援助接踵而来，以他未曾梦想过的方式汇聚起来，一同协助他。

《有钱人和你想的不一样》 [美]哈维·艾克/著

推荐人：李新月

作家、写作导师，10年上班族通过写作成为自由职业者。

第一定律：凡是涨停板，必是人为的。

第二定律：凡是人为的，必然有踪迹。

第三定律：凡是有踪迹，必然有规律。

第四定律：凡是有规律，必然可复制。

《伏击涨停》 黑马王子/著

推荐人：孙宏洁

股海打拼十八载，财经主播转型为视频号博主，提供一对一陪跑服务。

如果你真的是一个没有安全感的人，你能做的最好的事情，就是在自己最恐惧的地方，无条件地去支持一个人、一些人、一群人。

乐趣来源于全情投入，而不是投入后的结果，正是因为这样，乐趣可以是无条件的。

寻找那些不能够被满足的深层兴趣，比如爱、成长、超越自己、快乐、助人、宁静……它们会让你幸福一辈子。

《拆掉思维里的墙：原来我还可以这样活》 古典/著

推荐人：孙雷

界面设计师、高级商业文案师、国家三级健康管理师，副业从事大健康项目。

任何人都能够运用定位战略在人生竞赛中领先一步。

要想找到一个独特的定位，你就必须摒弃传统的逻辑思维。传统逻辑认为，你要从自身或产品中寻找定位概念。错，你必须在潜在顾客的心智中寻找。

大多数人不够决绝，不能为自己确定一个唯一的定位概念。

《定位：争夺用户心智的战争（经典重译版）》 [美]艾·里斯、[美]杰克·特劳特/著

推荐人：薛宁

15年贵宾服务和体验设计专家，跨文化沟通专家。

生命是旷野，但职场是网格，要一步步地切过去。

对于不完美主义者来说，完成比完美更重要，能量比才华更重要，做了比不做更重要。

你没必要成为高手才上路，你可以现在就走在成为高手的路上。

《不上班咖啡馆》 古典/著

推荐人：羽菲

财智东方签约顾问、讲师，全网万粉读书成长博主，羽菲线上书房主理人。

每一个时代都会诞生新的企业，它们携带新的商业模式，对旧的商业秩序进行无情的迭代。后工业化和数字化的双重迭代将主宰新的商业秩序，决定商业模式的构建方式和演进路线。

品牌从来都不是靠所谓品牌溢价发展壮大的，而是靠不断提高市场占有率，让市场占有率成为品牌最核心的背书。

粉丝文化带来的流量红利只能支撑品牌建立的早期，粉丝就是品牌的天使投资人，而品牌打造则是一个相对漫长的过程，根基必须建立在你的产品而非营销上。

《双重迭代：后消费时代的商业模式》　刘戈/著

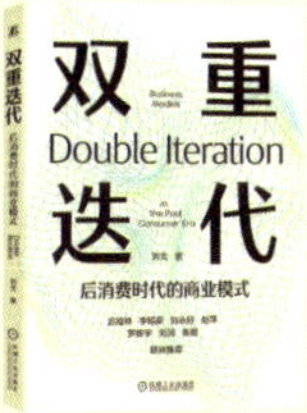

推荐人：启元老师

职场定位价值重塑导师，IMC（整合营销传播）“6+3”商业模型创立者。

“

敢于冒险的人往往可以获得更加精彩和幸福的人生。

走自己的路，不必总是遵循别人对你的期望。

随着年龄的增长，我们将变得更加有智慧、更加自信——这真是一种让人惊喜的经历。

”

《人生由我》　[加]梅耶·马斯克/著

推荐人：宋姗姗

个人成长教练，习惯养成陪伴教练，微习惯先锋营发起人。

从本质上来讲，情绪是没有办法控制的，而我们能够学习的，是如何面对自己的情绪。

心理营养，就是我们无条件地接纳自己、重视自己，给自己肯定、赞美和认同，给自己安全感。

我们要为自己的情绪负责，当我们有情绪的时候，我们要负责把自己的情绪跟感受讲出来。

《情绪疗愈：林文采情绪疏放18讲》 [马来西亚]林文采/著

推荐人：郭艳华

橙华读书创始人，陪伴女性读书成长。

“

轻松的背后是停滞不前。

不能给消费者带来价值感的产品无法在市场占有一席之地。

造成产品滞销、生意萧条的原因只有一个，即现在的工作方法已经无法满足时代和消费者需求的变化。

”

《零售的哲学：7-Eleven便利店创始人自述》 [日]铃木敏文/著

推荐人：曹国栋

营销界的多面手，无论是在线上还是线下，都能用独到的策略和丰富的经验，助力品牌赢得市场，实现销售飞跃。

把自由交给孩子，让他们找到自己的热爱。

每一个不曾写作的日子，都是对生命的辜负。

当一个人发现了使他翱翔的动力时，他是绝不会爬行的。

《写作重塑人生》 弘丹、赵广、郭丹/主编

推荐人：郭丹

官方自媒体平台主编，畅销书《写作重塑人生》主编，爆款文章写作教练，爆款课程“爱上写作”主讲老师，指导学员写作3个月写出10万以上阅读量的爆文。

如果第一次跌倒是上帝的意志，那么第二次又是谁的意志呢？

将自己从精神奴役中解放出来，只有我们自己才能解放我们的思想。

你可以用很多说法来称呼这个自我：转变，蜕变，虚伪，背叛。而我称之为：教育。

《你当像鸟飞往你的山》 [美]塔拉·韦斯特弗/著

推荐人：郭思哲

2025年毕业生。

传统上人们认为情绪总是因为某一些人事物出现才会产生，其实情绪的真正来源是人们内心的一套信念系统（信念、价值观、规条）。

定出正确目标是很重要的一步，不少人几经辛苦，在成功后才察觉到目标不是自己真正想要的。

语言能显露一个人的心态和思想的深层内涵，同时我们可以运用语言去改善自己及别人的心态和思想，因而改变行为和结果。

《重塑心灵》 李中莹/著

推荐人：柳伯岩

系统动力派 NLP 导师，青少年学习成长私教，家庭教育顾问，观心语读书会创始人。

爱护自己是你的责任，也只有你才能够做和做得好。

只要引导人们相信有解决的可能和注意解决的可能方向，人们的潜意识便会主动地去找到解决办法。

一份诚意，几分觉察，些许技巧，点滴宽容。

《重塑心灵》 李中莹/著

推荐人：王秋润

心力提升咨询师，系统动力派NLP执行师。

但行好事，莫问前程。

人学始知道，不学亦徒然。

穷末失节，富末贪婪。

《增广贤文》〔清〕周希陶/修订

推荐人：赵同学

天津教育IP操盘手。

作为父母，最重要的奖励不是孩子的成绩和奖杯，甚至也不是他们的毕业典礼和婚礼，而是与孩子一起生活所感受到的身心愉悦，以及孩子与你在一起的点滴快乐时光。

在实践中去爱的关键是一起做事，无论是工作、养育孩子、散步还是烘焙蛋糕，都要以适应你们两者优点和缺点的方式参与世界。

为人父母，不是教养子女，而是成为一座桥梁，沟通起过去和未来。

《园丁与木匠》 [美]艾莉森·高普尼克/著

推荐人：李辉

早教灵鼠创始人，早期教育专家，中华优秀母亲。

“

道德败坏了，趣味也必然会坠落。

良心通常只以沉默的形式说话。

幸运喜欢照顾勇敢的人。

”

《名言佳句小辞典》 伍亦风/主编

推荐人：杨阳

全国三甲医院内连锁临床国际联合实验室创始人，意大利艺术疗愈主理人。

“

如果你想改变果实，你首先必须改变它的根；如果你想改变看得见的东西，你必须先改变看不见的东西。

想法产生感觉，感觉产生行动，行动产生结果。

有钱人相信：“我创造我的人生。”穷人相信：“人生发生在我身上。”

”

《有钱人和你想的不一样》 [美]哈维·艾克/著

推荐人：Ella

创富教练、学业规划师、健康管理师，帮助超过1000位宝妈实现一手带娃、一手副业，教会她们健康生活、快乐工作。

经营好他域的三个核心秘诀：第一，利他，而且一定要坚持做时间的朋友。第二，付费，而且尽可能地持续付费。第三，全力以赴成为他人的成功案例，而且最好是第一名。

只要你的客户对你的认可度足够，你就既可以通过产品变现，又可以通过流量变现，真正地实现个体创业创富的商业闭环。

每个人都有自己的节奏，每个人都在自己的时区里，一切都刚刚好。

《创业创富》 劳家进、夏聪/著

推荐人：籽含老师

AI英语提分创业导师，高级心理咨询师，高考志愿填报指导师。

幻想只有对方改变了，我们才能幸福。这种想法是无奈也是无能，因为你把幸福的决定权白白交给了别人。

情感上的分离并不意味着我们就对父母不理不睬了，而是停止承担无关的责任。

任何高质量的关系都需要信任，而没有诚实就没有信任。

《十分婚姻》 蒋佩蓉、林为千/著

推荐人：方建秋

婚姻家庭咨询师，思维导图讲师，NLP执行师，欣怡书坊创始人。

20%的超级人脉，产生80%的商业价值；你认识的人不是人脉，你能帮助的人才是；比连接人脉更好的方式是成为人脉。

顶级销售销售人格魅力，通过举手投足一言一语，让对方感受到被尊重和认可。

好的朋友圈全是人，差的朋友圈全是货。通过内容输出，把自己打造成专家。做美妆，就把自己打造成一个护肤专家；做服装，就把自己打造成一个设计师或者穿搭达人。

《多卖三倍》 弗兰克/著

推荐人：红杨

天津大学药学硕士，国际高级职业培训师，演讲教练，女性形象美学顾问。

越是高级的东西越简单。

中就是不走极端，庸就是不唱高调。

世界永远都在变，唯一不变的就是变。

《周易故事》　**易中天/著**

推荐人：胡智芝

教育工作者，致力于传播中华文化，培养杰出人才。

人才没看对，招聘全白费！人才没招对，金钱天天费！人才没用对，老板两行泪！

优秀员工是“免费的”，滥竽充数的员工是“最贵的”！人才用错了就是“成本”，用对了才是“资源”！

识准人，才能招对人、用好人、留住人！

《精准识人高手》 李小平、李立杭/著

推荐人：李小平

22年资深猎头，精准识人体系创立者，《精准识人高手》作者。

“

也许最大的转变，就是医学2.0主要关注寿命几乎完全是为了延缓死亡，而医学3.0则更多地关注维持健康寿命、生活质量。

医学3.0对患者的要求要高得多。你必须见多识广，有一定的医学知识，清楚自己的目标，并能认识到风险的本质。你必须愿意改变根深蒂固的习惯，接受新的挑战，并在必要时勇敢跳出你的舒适区。

我们的新陈代谢，由于已经进化了几千年，不太具备应对只是在20世纪左右才出现的超现代饮食的能力。进化不再是我们的朋友，因为我们的环境变化比我们的基因组变化要快得多。

”

《超越百岁：长寿的科学与艺术》 [美]彼得·阿提亚/著

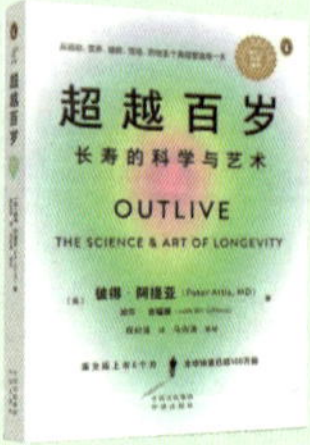

推荐人：燕子李三（王燕）

资深慢病营养干预师，营养培训师，天赋心理学咨询师。

"

我认为这就是成功投资的定义：比市场及其他投资者做得更好。为了实现这一目标，你需要有良好的运气或者非凡的洞察力。单纯靠运气是行不通的，所以你最好把精力集中在提高自己的洞察力上。

许多不赞同市场共识的人会感觉受到了排斥。最终，真正疯狂的是那些不懂市场的人。

最好的机会通常是在大多数人不愿做的事情中发掘出来的。毕竟，如果人人都感觉这项资产不错并愿意购买的话，它的价格就不会那么低廉了。

"

《投资最重要的事》 [美]霍华德·马克斯/著

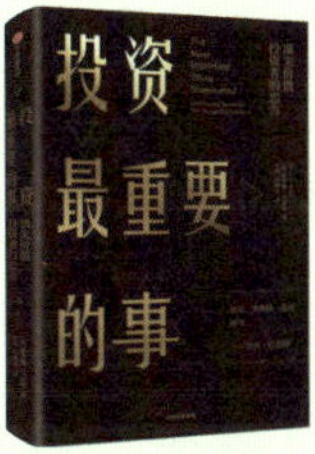

推荐人：杨坤阳

金融解决方案专家，财富增长伙伴。

尽管天分确实很重要，但一个人的能力主要靠积累获得。从一个人开始从事一个职业的那一瞬间起，只要足够认真、努力，他的能力就会不停地积累。

与人交往也是需要学习的，是需要耗费大量时间实践的技能。别高估自己，误以为自己有足够的时间可以妥善地处理与身边所有人的关系。浏览一下手机通讯录里的名字吧！有多少人我们已经很久没有联系了？

你比别人强一点根本没用，真正有用的是你比别人强很多很多。

《把时间当作朋友》 李笑来/著

推荐人：杨阅真

真学园创始人，懂品牌的操盘手，会赚钱的读书人，人生进阶疗愈师。

如果你继续做你从以前到现在一直在做的事，你就会继续得到你一直以来所得到的东西。

可以最快让你变得有钱而且守住钱的方式，就是努力发展你自己！

有钱人了解，成功的顺序是：成为→去做→拥有。穷人和小康人士却认为，成功的顺序是：拥有→去做→成为。

《有钱人和你想的不一样》 [美]哈维·艾克/著

推荐人：卓柒柒

IP变现操盘手、IP操盘手变现系统创始人，擅长创始人IP打造、私域引爆、批量发售。

最重要的是，要在重大决定上花更多时间。人生早期有三个重大决定：在哪里生活，和谁在一起，从事什么职业。

追求财富，而不是金钱或者地位。财富是指在你睡觉时仍能为你赚钱的资产。金钱是我们转换时间和财富的方式。地位是你在社会等级体系中所处的位置。

要想获得财富，就必须充分利用杠杆效应。商业杠杆来自资本、劳动力和复制边际成本为零的产品（代码和媒体）。

《纳瓦尔宝典》 [美]埃里克·乔根森/著

推荐人：阿蔡老师

创业导师、创富教练，杭州创业创富联盟创始人，创业7年，累计帮助超过1000个普通人通过副业赚钱，辅导超过100名创业者实现业绩增长。

“

我们制定规则以减少错误，但只有灵活运用规则，才会带来卓越。

世界上真正的韧性，就是明知道牺牲，还依然向前。

让你健康最好的时间是十年前，其次是现在。

”

《薄世宁医学通识讲义》 薄世宁/著

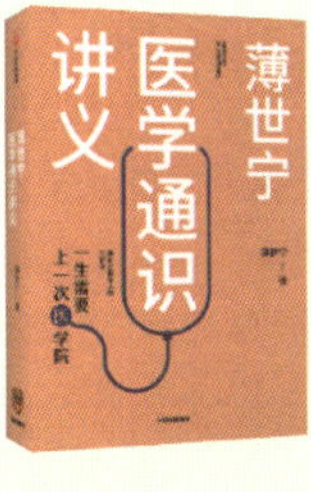

推荐人：可勒娜

高级家庭教育指导师，阅读陪伴教练，领读者。

把自己产品化。

培养迭代思维。生活中所有的回报，无论是财富、人际关系，还是知识，都来自复利。

如果难以抉择，那答案就是否定的。

《纳瓦尔宝典》 [美]埃里克·乔根森/著

推荐人：杨杨（tina）

豌豆悦读营创始人，《金句之书》推荐官，大童英语启蒙、零基础英语轻创业教练。

“

还我本来面目的第一件事是一天花十五分钟坐下来想想：我是谁？我从哪里来？我要往哪里去？现在的生活是不是我要的？什么样的生活才是我要的？

生命真正的桂冠到底是什么呢？是做一个正常的人而与草木同朽？或是在挫折之后，从灵魂的最深处出发而获得永恒的声名？这些问题没有单一的答案，答案在于，在命运的摆布之中，是否能重塑自己，在灰烬中重生。

心随境转是凡夫，境随心转是圣贤。用惭愧心看自己，用感恩心看世界。

”

《清玄说：换个角度看生活》 林清玄/著

推荐人：葛凌云

教育轻创业导师，中高考英语提分规划师，高考志愿规划师。

“

建立企业文化，是在精神上将企业员工凝聚在一起，是一个企业区别于其他企业最高级的状态。

管理者的使命是培养员工，打造有战斗力的团队，而不是将员工的工作都加在自己身上。

什么是目标？那种让人朝思暮想、做梦都想、时刻不忘，而且一想起来就会热血沸腾的，才能叫目标！

”

在驱动行为这方面，养成习惯比提高自制力更有效。

要利用好自己的后发优势，做那些头部不愿做、不想做、不能做，却顺应市场的事。

该做什么对应着趋势判断，先考虑顺势而为，再考虑顺己而为。

《成长势能：个体崛起与能力变现》 任康磊/著

推荐人：童赛

童赛IP营销策划人，私域变现操盘手。

不是“性格决定命运”，而是“个性决定命运”。

动机无法改变，行为可以训练。

洞见（自知者明），洞察（知人者智），影响（胜人者有力），修炼（自胜者强）。

《性格色彩原理》 乐嘉/著

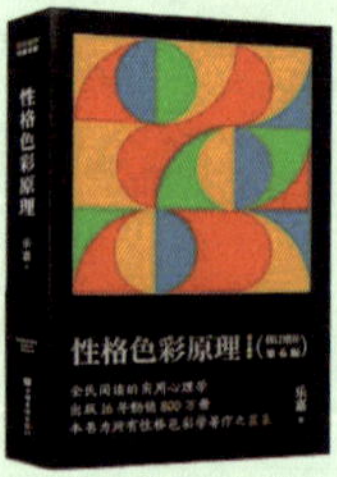

推荐人：於峰

宁波市首批家庭教育专家之一，性格色彩卡牌大师，国家二级心理咨询师，畅销书《人际关系必修课》联合作者。

“

打造个人品牌并不是要你讨好、改变所有人，而是要吸引、连接同频的人，你越真、越强，主动找你的同路人就越多。

写作除了能加速一个人的成长，还能提升一个人的品牌影响力，是一个非常厉害的社交武器。

社会不是根据每个人所占有的，而是根据每个人的贡献来分配财富的。

”

《1000个铁粉：打造个人品牌的底层逻辑》 伍越歌/著

推荐人：小麦老师

20年小学英语教师，英语提分规划师，高级家庭教育指导师，日记文化传播者和践行者。

“

领导力就是清晰地指出别人的价值和潜力，使对方受到鼓舞从而有所意识。

没有正确的生活，就没有真正卓越的人生。

请赐我平静的心去接受我无法改变的，请赐我勇敢的心去改变我能改变的，请赐我智慧的心去辨别它们。

”

《高效能人士的七个习惯：30周年纪念版》 [美]史蒂芬·柯维/著

推荐人：沈丹萍

坚持星球高级演讲教练，金牌讲书人，家庭教育指导师。

有些人看起来非常能折腾，可是一直没有什么进展，关键的原因在于没有踏踏实实地做事。

绝大部分人一辈子也没努力过，也没主动过，更没有主动做过艰难的决定，只是被动地接受生活的摆布，过一天算一天。

大家往往高估自己一天能学会的东西，而低估三年能学会的东西。

《向上生长》 九边/著

推荐人：林晓珍

英语教师，家庭教育指导师，青少年潜能开发师。

“

产品的本质是用户问题的解决方案，客户之所以购买一个产品，就是为了解决某个问题，完成某个任务。

只要你在利他的路上，在成就他人的路上，你就会得到属于自己的鲜花和掌声。

但行好事，莫问前程。因为，前程就藏在你不断地做好事中。当你给得足够多了，别人因为你给的东西在某一天受益了，变好了，他就成了你的成功案例。

”

《创业创富》 劳家进、夏聪/著

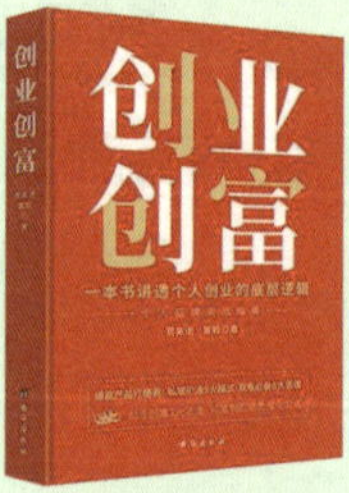

推荐人：任杰

英语学习规划师，空中英语学校校长，智能教育轻创业导师。

完成胜过完美。

当感觉不到自信时，我告诉你一个窍门，就是要假装自信。

社会财富从来都不是被分配的，而是需要人们去主动获取。

《向前一步·全新升级珍藏版》 [美]谢丽尔·桑德伯格/著

推荐人：王小婷

OH（Open your heart）卡咨询师，见智坊读书联合主理人，心际迷宫传播者。

持续的情绪问题和睡眠困扰是心理健康出现问题的警示。

这个世界上再好的药也只能治病，而无法带来快乐。

正念可以从心理层面有效地帮助人们面对疾病和痛苦，也能切实地从生理和行为上改善健康状态，从而帮助人们从身心分离的状态走向身心合一的平衡，更有能量和活力去面对生活中各种各样的情况。

《睡个好觉：重塑自主睡眠》 李海峰、戴瑞娜/主编

推荐人：张芳

NLP执行师，心理咨询师，家庭幸福力教练。

只用脑子，不关注心，最后的结果往往是“道理我都懂，但依然过不好这一生”。

想瘦下来就是要给自己一个“魅力女性/男性”的身份。我们为什么要瘦，相信除了健康，其实很大一部分动力就是希望自己很美、很帅、很有性吸引力。

正确解读饥饿信号，是保证我们合理、健康进食的前提条件。

《身心减负：如何过上自由又健康的生活》 李海峰、徐珂、李珈/主编

推荐人：江丹华

NLP执行师，畅销书作者，珂学堂合伙人。

只要你强大而有力的心灵坚信不疑，无论什么事都能即刻发生。

瑜伽的科学可以满足人们的普遍需要，它有着自然普遍的适用性。

得到内在的财富后，你会发现外在的供给在需要时总是立即可得的。

《一个瑜伽行者的自传》 [印度]帕拉宏撒·尤迦南达/著

推荐人：安然好瑜伽

中国一级瑜伽裁判，美国瑜伽联盟RYT（注册瑜伽导师），脉轮瑜伽教师，瑜伽呼吸法与身印法教师，五大元素与心灵转化瑜伽教师，修行、传授瑜伽21年。

“

因为这个世界只是你心的一面镜子，你的心是“因”，而这个世界只是你内心状态的“因”而吸引的现象“果”，所以一切现象产生及感受的真正源头在你的内心状态。

未来是现在的延续，现在是过去的延续，过去和未来能产生蜕变而不再联结的关键是现在。

急是什么？急是贪欲呀！每个急中都有你想要的，急让你跟时间在赛跑，急让你跟别人在赛跑，急让你的身体、让你的情绪愈来愈躁，让你的贪欲愈来愈大、愈来愈强。

”

《因果的真相》　庄圆法师/著

推荐人：邴文慧

改变身体的瑜伽老师。

一个人要想真正地快乐，不仅要喜爱它本身，也要喜爱它带来的结果。

如果一个人看到了世上有许多美丽的事物，唯独不能看到美本身存在，即便被带领到了美面前，他仍是不能看到。

如果一个人忍心让自己最神圣的部分被最不神圣且最可憎的部分奴役的话，他必然是可悲的。

《理想国》 [古希腊]柏拉图/著

推荐人：曹丽

得到新商学武汉授权运营中心负责人，培训杂志撰稿人，金牌内训师，新精英生涯认证讲师，PL人才测评认证顾问。

不带评论的观察是人类智力的最高形式。

人们之所以苦恼，并非因为事情本身，而是因为人们对事情的看法。

非暴力沟通的意图不是为了改变他人来满足自己，而是帮助双方建立坦诚和有同理心的关系，最终每个人的需要都能得到满足。

《非暴力沟通》 [美]马歇尔·卢森堡/著

推荐人：崔如秀

投资自己中心领读人，道合文化联合发起人，新秀读书成长营营长，瑞书房合伙人，PDP（个人发展计划）专业咨询师，讲书人（高级）。

我们每人身体里都有一套直接修复系统和一套间接修复系统。

药物并不能完全解决问题，而当人们求助无望的时候，他们就会开始寻找别的出路。

虽然医生和注册营养师们都建议我们每天多吃水果和蔬菜，但是我们的社会却远远没有做到这一点。

《别让不懂营养学的医生害了你》 [美]雷 · D. 斯全德/著

推荐人：丁柳

中国营养学会会员，健康管理师，武汉市汉阳区睿创未来健康咨询工作室主理人。

做大事和做小事的难易程度是一样的，因此，要卖就卖高客单价。

好产品有四个维度：解决客户的问题，降低客户使用产品的难度，让客户有峰值体验，让客户充满力量并且马上行动。

很多人容易陷入一个误区，觉得个人品牌是打造出来的，其实不是，个人品牌是活出来的。

《创业创富》 劳家进、夏聪/著

推荐人：杜世晶

AI社交新旅游、全球旅游供应商，家庭教育IP操盘手。

关于数据的数据价值理论框架的三个关键词：收入、支出、风险。任何数据产品，如果可以帮助客户，在这三个方面中的任何一个方面实现可量化的改进，那么这个数据产品的商业价值就比较容易说清楚，否则非常困难。

数据分析的价值体现在三个要素上，但要实现它的价值还需要一个重要的因素：可以量化的参照系。

好的数据可视化应该满足四个标准：准确、有效、简洁、美观！

《数据思维：从数据分析到商业价值（第2版）》　王汉生等/著

推荐人：高欢

商业数据分析师、微软Power BI专家，拥有10年数据分析经验，独立设计和制作数十个企业商业级数据看板。

想通过文案说服人们改变态度是非常困难的，不如直接从说服人们改变行动开始。

文案一定要做到：强有力的话术+高转发的传播因子+整合营销策略！

人类的行为大多数由两种要素驱动，一种是喜欢，一种是厌恶。

《高能文案》 韩老白/著

推荐人：韩老白

爆款文案操盘手，女性个人品牌商业顾问，《高能文案》等6本书作者。

真正的“正确答案”本来就在自己心里。

断舍离收纳概念的出发点在于“如何才能不做收纳”。

断舍离，其实是不搬家的“搬家”。

《断舍离》 [日]山下英子/著

推荐人：黄冬梅

管理学硕士，整理收纳咨询师，怡然整理主理人。

有力量、有厚度、有口碑。

保持精力充沛会让我们更专注、更好地达成目标。

敬畏边界、敬畏规则，是长久共赢的前提。

《大卖：百万发售实操36计》 一伊/著

推荐人：贾晓晓

IP操盘手，高级儿童阅读指导师，高级情绪陪伴师。

保险这种产品不是一次性的，它是陪伴你度过漫长人生的一种风险规划。

当消费者越来越懂保险，越来越明白自己为什么需要保险，越来越了解金融、法律等方面的基本知识时，优秀、可靠的保险业务员才能来到你面前。

给自己买保险，不能一蹴而就，应随着人生进入不同阶段而分步实施。

《你的第一本保险指南》 槽叔/著

推荐人：刘予兮

专业保险经纪人，以中立客观为前提，定制最符合客户需求的家庭保险方案。

PPT设计=演绎逻辑（Point）设计+视觉呈现（Power）设计。（PPT全称为PowerPoint，是由微软公司开发用于制作幻灯片的办公软件。）

PPT设计从本质来看，设计的是一场符合观众审美的逻辑演绎。

如果把演绎PPT当作是播放一场电影，演讲者就是这场电影的导演。PPT内容的每一页的逻辑是否清晰，页面和页面之间的衔接是否自然，都是需要通篇谋划、精心打磨的。

推荐人：潘洋

PPT全案策划专家（文案策划—视觉呈现—演讲教练），专注融资路演、企业介绍、教育培训等PPT高端策划。

一则好的销售文案，会让你的产品销售力增强10倍。

普通的品牌靠广告，伟大的品牌靠分享。

知行合一，格物致知，学习最重要的是实践、学以致用。

《高能文案》 韩老白/著

推荐人：营销玩家

创业公司高级管理人员，资深市场营销，产品推手，项目操盘手。

督导者就像受督导者的“拐杖”和“雨伞”，在他们需要的时候，通过恰当的方式和途径为他们提供各种支持。

伦理守则是微观层面上社会工作价值观的体现，是专业实践中各个层面上的价值理念的具体应用，表现为社会工作的各种原则和技术要求。

在会谈的整个过程之中，根据工作阶段的督导动力发展，运用到一系列关于沟通、关系和问题解决的技巧，尤其需要注意的是其中还包含讨论敏感议题的技巧，以及处理权威议题的技巧。

《社会工作督导理论与方法》 张洪英/主编

推荐人：汪亮

中级社会工作师，社会工作服务中心副总干事。

每个人毕生都面临着不计其数的挑战，而每次挑战都是一个获得幸福的良机。

幸福是你全身心地投入一桩事物，达到忘我的程度，并由此获得内心秩序和安宁时的状态。

人生的意义就在于“寻求意义”：不论它的本质，不论它来自何处，只要找到一个统一的大方向，人生就会有意义。

《心流：最优体验心理学》 [美]米哈里·契克森米哈赖/著

推荐人：王佳

ICDA（国际建筑装饰室内设计协会）高级软装设计师，NLP执行师，DISC授权讲师，女性能量工作坊授权导师，《重塑身心》《系统整合》联合作者，高级西点师。

当我们因为某件事情而承担起责任的时候，同时也获得了巨大的能量，这个能量可以让事情取得更好的结果。

与其把错误视为失败的证据，不如把它们当作你正在努力尝试的证据。

增量式的线性思维专注于让事情变得更好，而指数型思维模式专注于让事情变得不同。

《无限可能：快速唤醒你的学习脑》 [美]吉姆·奎克/著

推荐人：殷俊

12年K12教育（大语文）深耕者，读书会践行者，在职考研培训机构联合创始人。

“

成长型思维模式建立在这样一种理念上：你的基本能力是可以通过你的努力来培养的。

对具有成长型思维模式的人来说，失败也是一个痛苦的经历，但它并不能对你下定义。

在一段关系中，成长型思维模式让你能够摆脱责备去理解问题，并尝试着去修复它——共同修复它。

”

《终身成长》 [美]卡罗尔·德韦克/著

推荐人：游小小

高级会计师，天赋数字咨询师，金钱关系咨询师，尤丹拆书会合伙人，正心商学苑合伙人，游读社主理人。

“

如果把一个人比作一列火车，知识学习与社会情感学习就是它的两条铁轨，缺一不可。只有知识学习能力和社会情感学习能力兼具，教育才是人之为人的教育。

一个具有社会情感学习能力的孩子，往往拥有冷静不冲动（情绪力），豁达不放弃（自信力），行动不拖延（执行力），仁爱不自私（社会力），求同也能存异（沟通力），思路清晰有主见（思辨力）等各种品质。

亲密关系、亲子关系是我们与自己的关系的映射。

”

《培养孩子的社会情感学习能力：家庭中的SEL》 张宏武、刘奕敏、薛圆圆/著

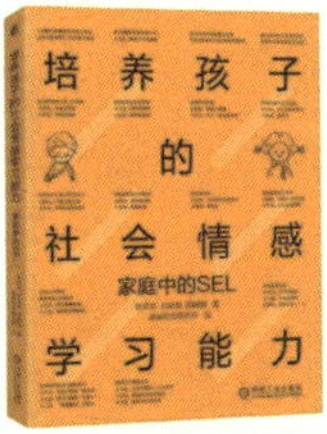

推荐人：余琴

青少年学习动力高级教练、SEL（社会情感学习）导师、高级家庭教育指导师，培养主动学习的学霸，让孩子从厌学到爱上学习。

高手并不是能力比我们强、智商比我们高、定力比我们好，只因他们思考比我们深、见识比我们广，他们看到了更大的系统。

所谓的超然，就是在每个有限游戏里深深入戏，但依然有跳出无限游戏的能力。

所谓的跃迁，就是一次次让自己做第二序改变，一次次地破局。

《跃迁——成为高手的技术》 古典/著

推荐人：周妍霏

中级职业发展管理师，视觉产品策划师，擅长个人或企业课程游戏化策划及设计，读书会角色卡牌已售600多套。

命运其实并不是一定的，都是由自己决定的；福分也一样，都要由自己去求才能得到。

勿以己之长而盖人，勿以己之善而形人，勿以己之多能而困人。

天道亏盈而益谦，地道变盈而流谦，鬼神害盈而福谦，人道恶盈而好谦。

《了凡四训》〔明〕袁了凡/著

推荐人：东方

畅销书作者东方圈主理人，爱学习、爱阅读、爱自然、爱生活的持续成长者。

固定型思维模式让你更关心别人如何看待你，而成长型思维模式让你更关心你能否提高自己。

大脑更像肌肉——它会发生改变，而且你越使用它，它就变得越强壮。

改变也许艰难，但我从未见谁说过不值得。

《终身成长》 [美]卡罗尔·德韦克/著

见智坊 JIAN ZHI FANG

推荐人：王莎莎

OH卡咨询师，见智坊读书主理人，心际迷宫传播者。

现实是被建构的，我们每个人要为创造自己有意义的人生而负起责任。

所有伟大的人物之所以杰出，是因为他们有力量在一条道路上连续跨出第二步、第三步，或许还有第四步。许多人都已经迈出了第一步。每跨出下一步，你都大大地增强了你第一步的价值。

这个试着去解决问题的努力，变成问题本身。为了改变能够发生，首先要全然接受问题本来面貌。

《潜意识之门：生生不息催眠圣经》 [美]斯蒂芬·吉利根/著

推荐人：田园

心理咨询师，家庭教育指导师，NLP执行师，IAGC（国际生生不息改变协会）认证心理教练。

“

人生旅程有时顺风顺水，有时惊涛骇浪，生活总会以自己的方式继续，而每个人的旅程体验主要取决于自己的解读。

人生的三大要素是财富、健康和幸福。我们依次追求财富、健康和幸福，但按重要性排序，则是反过来的。

一旦找到正确的事业和一同前行的人，就要全身心投入。接下来，持续精进几十年，就能从人际关系和经济利益上获得巨大的回报。因此，复利效应非常重要。

”

《纳瓦尔宝典》 [美]埃里克·乔根森/著

推荐人：张展华

20年教育行业连续创业者。

“

经营个人品牌的关键法门：对己，要“自命不凡”；对外，要震撼人心。

如果你能给很多人带去信心、勇气和希望，你就配得上很大的影响力。

不盲目追随流行，而是创造个性化时尚。

”

《恒星闪耀：高客单新个体》 李海峰、肖逸群/主编

推荐人：张天骋（Sky）

天空时尚美学创始人，资深明星服装造型顾问，时尚综艺搭配导师，个人品牌商业创新领袖，DISC认证讲师，《恒星闪耀：高客单新个体》联合作者。

“

走自己的路，不必总是遵循别人对你的期望。

如果你并非生而显贵，你需要找到你的天赋，并努力工作。

就算新风格有时会让你如坐针毡，你也应该给自己一个机会试试看。不要让年龄之类的东西成为你的束缚！

”

《人生由我》 [加]梅耶·马斯克/著

推荐人：胡艺琪

明色文化（身心灵美学健康管理全域平台）创始人，资深形象美学设计师，北大博雅心理咨询导师。

人类爱美的装饰，先表示于自己身上，然后及于所有的器物，再及于建筑，最后则进化为都市设计。

美育者，应用美学之理论于教育，以陶养感情为目的者也。

审美观念是随着修养而进步的，修养愈深，审美程度愈高。

《美育人生》 蔡元培/著

推荐人：姜熠言

国家高级形象设计培训师，CMB国际色彩形象顾问，国家认证色彩形象顾问，高级色彩疗愈师，心理咨询师。

“

年轻的时候，谁会去想老了会是什么样子啊。每天都很忙，每天都很开心。

上班族、农户、个体经营者……以为晚年生活有备无患的各色人等一个个目瞪口呆，都认为“自己绝不会‘老后破产’”。“老后破产”的诱因，是生病、受伤等，一旦步入老年，谁都有可能发生这些情况。

就是现在，有的老人也会为出院后无处可去而苦恼。说起来丢人，我连护理保险费都交不起啊。

”

《老后破产：名为“长寿”的噩梦》 [日本]NHK特别节目录制组/编著

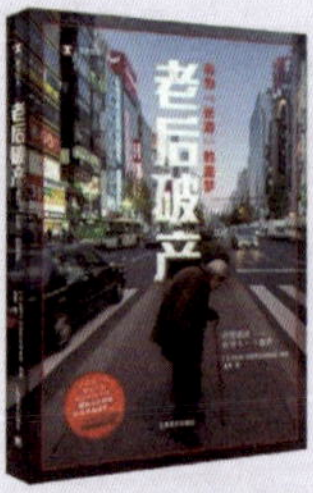

推荐人：陈皮

银发经济创业者，资深健康管理顾问，养老规划顾问，专项职业能力考核培训教材《老人照护》编委，在医疗健康领域深耕10余年。

“

音乐最美妙的地方在书本中是找不到的。

音乐是一种比其他任何教育更有效的工具。

人们幸福的时候不唱歌，但会因为唱歌而幸福！

”

《音乐与律动：创造儿童的另一种生活方式（原书第7版）》 [美]琳达·卡罗尔·爱德华兹/著

推荐人：李廷翔

潜心钻研儿童音乐启蒙13年，为0～6岁婴幼儿家庭和相关机构提供音乐指导方案。

在我们所遇到的所有事情中，没有任何一件事从其本身而言就是好的或坏的，因为——假设真是如此——那所有人都会与你一样，以相同的方式看待同一件事。

铭印被植入时所拥有的力量大小取决于我们已经罗列出的多个要素，包括：我们的动机，情绪的强弱；我们对自身行为的“认识”程度；我们行动时的方法；事后我们对自身行为的“认可”程度；以及我们行为对象的某些品质。

问题其实是我们所能获得的最好的机会。

《能断金刚——超凡的经营智慧》 [美]麦克·罗奇格西/著

推荐人：妙所

国家二级心理咨询师、资深保险人、财富规划师、种子法则践行者，帮助1000多名女性实现富而喜悦的人生。

“

只念念要存天理，即是立志。

天下之物本无可格者，其格物之功，只在身心上做。

无善无恶心之体，有善有恶意之动。知善知恶是良知，为善去恶是格物。

”

《王阳明心学口诀》 度阴山/著

推荐人：彭诗媛

CEO（首席执行官）招商演讲教练，生命能量践行者、服务者，提供企业增长服务16年、教育培训服务9年，服务学员超过5000名。

以心流投入，用热爱创造，从而让“自律”成为一种生活方式。

当我们能够接纳或臣服于当下，就会发现，自己想要的那个答案不在那些还没尝试过的未来里，而是在过去已经发生的事情上，或者就在眼前能够做好的这件事上。

不要将自己当成一个“赚钱机器”，而是要为财富自由做准备。

《OKR自律工作法》 陈羽洁/著

推荐人：伊小一

IP全域变现发售操盘导师，个体线上连续创业12年，累计服务1100多个IP实现轻松变现。

任何演讲者都可能犯的一个大错误就是，没有首先明确为什么听众应当重视你说的内容，而是直接向他们传达信息。

最好的故事是真实的故事，真实性是不能简单编造出来的。

如果你曾面对听众感到害怕，导致你紧张的原因可能是你的信念而不是听众。

《高效演讲：斯坦福最受欢迎的沟通课》 [美]彼得·迈尔斯、[美]尚恩·尼克斯/著

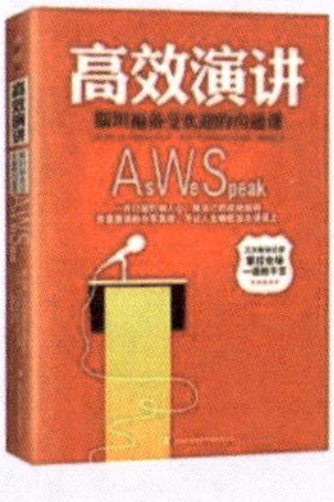

推荐人：瑛子

职业培训师，世界500强企业演讲教练，故事力认证导师，DISC认证讲师，青少年演讲导师。

人们其实并不愿意为所有信息付费，只愿意为能带来改变的、能指导工作和生活的“有效知识”付费。

课程价值体现在三个方面：一是从不会到会，二是效率提升，三是产生收益。

真正的化书成课，其实是在你自己多年积累的“建筑材料”中选取合适的部分与作者的“建筑材料”进行连接与整合，然后重新搭建起一座新的高楼大厦。

《化书成课：培训师快速打造爆款课的秘诀》 袁茹锦/著

推荐人：袁茹锦

畅销书《化书成课：培训师快速打造爆款课的秘诀》作者及版权课作者，连续7年受邀担任“好讲师大赛”全国总决赛导师，累计孵化5000余名培训师及知识IP。

生命的丰饶与深厚，其实是建立在审美的基础之上。

“美”是历史中漫长的心灵传递。

“虚”并不是没有，而是“实”的互动。

《美的沉思》 **蒋勋/著**

推荐人：云晞

从事美术行业20年，经手美育经典案例超过3000个，专注帮3～12岁孩子爱上画画。

如果你想要理解新事物，那最好关掉精确的专注思考模式，把开关切换到“广角光源”。

习惯可以帮我们节省力气，它能为我们的大脑腾出空间进行别的活动。

训练，尤其是对学习材料中最困难的部分更要刻意训练，这样才能让那些拥有普通智力的人有机会上升到“天赋异禀”的境界。

《学习之道》 [美]芭芭拉·奥克利/著

推荐人：Sunshine

会弹琵琶的数学老师，省级骨干教师。

“

每个人的共性需求是获得认可，这个需求被满足了，培训场域自然就温暖起来了。

心怀助人之心，身怀助人之能。

疯狂汲取的饥饿感、不进则退的危机感、利他助人的使命感，这三种感受支撑着多少培训师成为想成为的自己啊！

”

《赋能式培训：从业务场景到培训课堂》 谢冬/著

推荐人：曹杨阳

国家认证高级礼仪培训师、领读者，曾获全国培训师推优大赛总决赛金奖、云南赛区一等奖。

非暴力沟通的四个要素：观察、感受、需要、请求。

不带评论的观察是人类智力的最高形式。

非暴力沟通的目的不是改变他人来迎合我们。相反，非暴力沟通重视每个人的需要，它的目的是帮助我们在诚实和倾听的基础上与人联系。

《非暴力沟通》 [美]马歇尔·卢森堡/著

推荐人：韩曜隆

领读者，书籍是智慧的钥匙，喜欢在知识的海洋中遨游。

“

讲书是一场无限游戏，任何时候开始都不晚。只要你捧起一本书就可以开始讲书。

讲书没有边界和终点，书店里有多少本书，你就可以持续讲多久，而且书籍每年还在推陈出新，知识永不枯竭，我们要学习新知识，不忘旧知识。

讲书是一个持续向上攀登的过程，你可以遇见更多优秀的人，追随他们的脚步，努力追赶他们。

”

《逆风飞翔：借势成长突围》 程不困、安吉小丽娜、王小芳/主编

推荐人：刘菊元

领读者，退休20年的“四爱”（爱读书、爱分享、爱讲书、爱写书）“年轻”老人。

每认识一种虫子我都别有心动——我又结识了一个新朋友，那是一万个外形和神情不同的物种，是真的一万个朋友，唯有欢喜。

虫安妥，草自在，人类方安然自得，所有的生命皆须敬畏。

有人说短屏顶螳是大法师，是国王，是王后，是外星人，它的刀臂内侧很出彩，而外部体色拟态一截树枝倒蛮像的！它的大名是短屏顶螳！

《与虫在野》 半夏/著

推荐人：胡小滨

全国金牌讲书人，阅读推广大使，成长教练，领读者。

“

爱孩子并不是给他们一个目的地，而是为他们的旅程提供给养。

人类孩子的心智与关心他的人的心智是同心协力运作的，这是人类已知宇宙中最灵活、最强大的学习工具。

为人父母是在一系列矛盾中寻找平衡的艺术。

”

《园丁与木匠》 [美]艾莉森·高普尼克/著

推荐人：胡新蕾

亲子共读12年的宝妈，双语阅读指导师，阅读陪伴教练，领读者。

以规则为基础的聚会，尽管看起来很有控制力，但实际上给我们的聚会带来了新的自由和开放。

每次相聚，人们都有机会互相帮助，然后做他们独自做不到、想不到或解决不了的事情。

良性争议是一种能够帮助人们更仔细地审视自己所关切的问题的一种争论，尽管产生良性争议有风险，但会令人受益良多。

《聚会：如何打造高效社交网络》 [美]普里亚·帕克/著

推荐人：龙妈

AI提效工程师，聚会促动师，心理咨询师，中科智域、火塘聚会、相随心理等社群主理人。

人类的错误可以分为两大类型。第一类是“无知之错”，我们犯错是因为没有掌握相关知识。第二类是“无能之错”，我们犯错并非因为没有掌握相关知识，而是因为没有正确使用这些知识。

清单为我们提供了一种认知防护网，能够抓住每个人生来就有的认知缺陷，如记忆不完整或注意力不集中。

请承认人类的不完美，每个人都会犯错。在极端复杂的世界里，我们必须改变观念，因为我们别无选择。

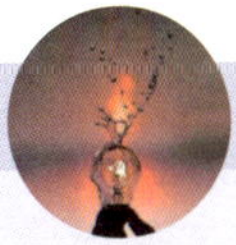

《清单革命》 [美]阿图·葛文德/著

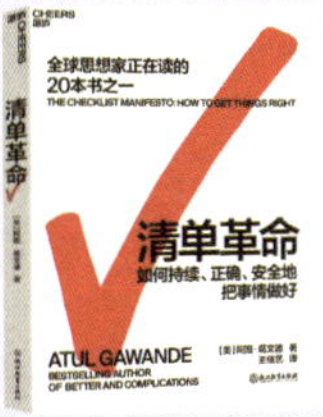

推荐人：申晶

尔迦口腔创始人，副主任医师，Invisalign（隐适美）白金医生，3个女儿的爸爸，阅读爱好者。

战争是历史中司空见惯的事情之一，不会随着文明与民主的发展而减少。

文明是错综复杂又很不稳定的人际关系网络，建立起来很辛苦，摧毁则很容易。

历史是如此的丰富多彩，以至于只要在事例中加以选择，就可以为任何历史结论找到证据。

《历史的教训》 [美]威尔·杜兰特、[美]阿里尔·杜兰特/著

推荐人：田田

演讲教练，高级培训师，领读者，AI创业者。

故事思维就是我们怎么想，怎么去看待这个世界，怎么解释事物的运作，怎么理解自己在这个世界当中的位置。

如果让我用一句话总结为什么要讲故事，那就是：故事比事实更招人喜欢、更有力量、更能吸引人的注意，也更能激发情感。

生活中既有油盐酱醋茶这类琐碎的素材，也有诗和远方这类深奥的素材，有故事力的人能把琐碎的素材讲出高深的道理，没有故事力的人则会把深奥的素材讲得非常琐碎。

《故事力》 高琳、[美]林宏博/著

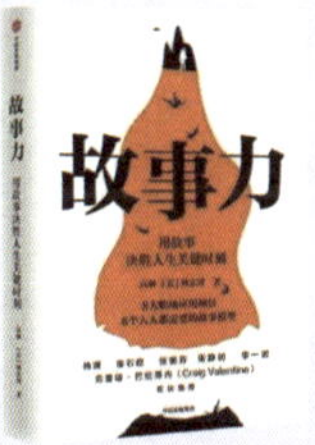

推荐人：薇言

资深法律人，高级演讲培训师，领读者，云南省图书馆阅读推广大使，曾获得云南省首届公共图书馆讲书人大赛一等奖。

不要按照当今世界的要求来培养孩子，这个世界等他们长大之后就变了。

教育没有任何捷径，只有生命影响生命。

健康的食物滋养身体，健康的爱滋养灵魂。对于养育儿女，所谓健康的爱一定是刚刚好的爱，过之是溺，缺之是欠。

《让孩子成为他自己：蒙台梭利家庭教育实战手册》 吴晓玲/著

推荐人：快乐泡泡

领读者、阅读指导师、阅读陪伴教练，具有7年亲子共读经验。

我意识到，我并不是独自在这个星球上徘徊。

我怀疑这个世界是虚拟的，可是它又那么真实地触摸着我的身体。

我所要面临的是双脚站立的世界。

《欢迎光临，植物商店：KZ地球旅行日志》 谢宽、高愚/著

推荐人：巩昱澎

浪漫主义室内建筑师，帮你打造梦想中的“家”。

人有两次生命，一次是出生，一次是觉醒。

兴趣是成功的老师，但成就是兴趣之母。

把潜意识的心理改造放到桌面上。毕竟在现实生活中，就算你不告诉自己应该成为一个什么样的人，你内心也有一个默认的身份存在。

《认知觉醒：开启自我改变的原动力》 周岭/著

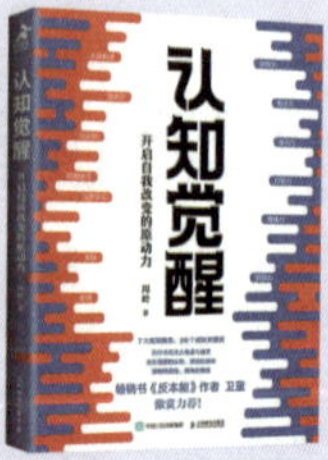

推荐人：卢卫

青少年家庭辅导师，心理咨询师，OH卡分析师，催眠图卡疗愈师，阅读、冥想、旅行爱好者。

只有给予他人的使用价值，远远大于你得到的货币价值，才能够换来更长远的发展，建立起自己的吸引力磁场。

我们要通过创造思维，而不是竞争思维去创造财富，因为氧气般的财富充斥世界任何一个角落。

我们的努力和财富最终会让自己到达一个与身边人类似的圈层。

《氧气般的财富》 子安/著

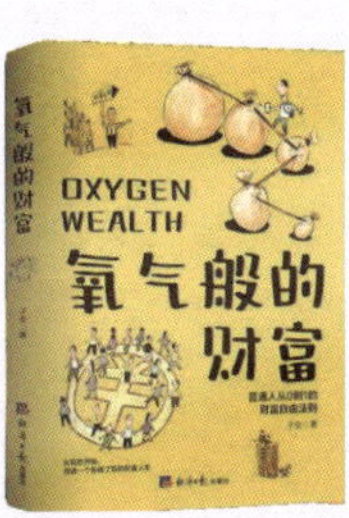

推荐人：安妮宝贝

书喜民宿主理人、财商传播者、资深轻创业者，擅长发掘多管道副业收入。

明知道世界不公平，还和别人相比，是一种永无宁日、绝无胜算的自我恐怖主义。

完成比完美更重要，能量比才华更重要，做了比不做更重要。

没有约束的自由根本不存在。真正的自由，是面对选择，忠于自己；面对未知，勇敢行动。这样的人，不管在哪儿都有自由。

《不上班咖啡馆》 古典/著

推荐人：黄露

助人为乐的生涯发展咨询师，心理学爱好者，会玩魔方、熟记圆周率200位的10余年医药营销人，爱学习、爱旅行、爱生活的终身成长者。

我宁可上书的当，也不愿意上人的当。上书的当最多是个“书呆子”，上人的当就是“韭菜”，甚至是万劫不复。

我们必须接纳足够多的有效信息，才能找出信息之间的关系，从而挖出规律，找到本质，形成认知。

人生就是一场修行，修行的最高境界，其实就是挣脱了“思维牢笼”，就似拨云见日，让你刹那间看透万物的真谛和人生的真相，简直妙不可言。

《人间清醒：底层逻辑和顶层认知》　水木然/著

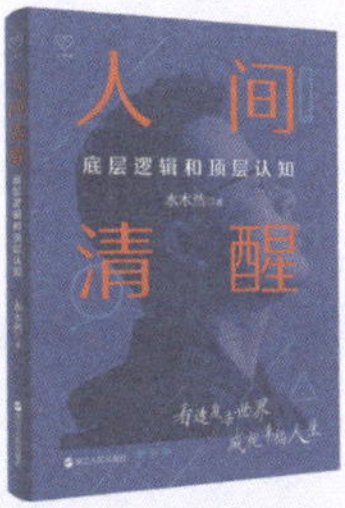

推荐人：李梓岳

自由投资人，每天跑5.2公里的运动达人，珍香印沉香品牌创始人，玩转健康、事业、成长“三球”。

不要再把人分为富人和穷人、白领和蓝领了。现代人的二分法是“利用了杠杆的人”和“没有利用杠杆的人”。

用头脑赚钱，而不是用时间赚钱。

与“聪明”相比，“思路清晰”是一种更好的赞誉。

《纳瓦尔宝典》 [美]埃里克·乔根森/著

推荐人：刘丽

个人成长教练，阅读爱好者。

在人生的某个时候，我们失去了对自己生活的掌控，命运主宰了我们的人生。这就是世上最大的谎言。

当你想要某种东西时，整个宇宙会合力助你实现愿望。

生活永远是，也仅仅是我们现在经历的这一刻。

《牧羊少年奇幻之旅》 [巴西]保罗 · 柯艾略/著

推荐人：孟瑶

营养健康创业导师，营养保健师，营养科普讲师，领读者。

“

永远记住，你比你相信的更勇敢，比你看上去的更强大，比你认为的更聪明。

幸福并非源于轻松的工作，而是源于全力以赴地完成一项艰巨任务后，对满足感的回味。

我相信每个人出现在我们生命里都是有原因的。是相互学习让我们有缘结识。

”

《做自己的教练：战胜工作挑战，掌控职业生涯》 [英]海伦·塔珀、[英]莎拉·埃利斯/著

推荐人：张仁奎

幸赋链商学院创始人，资深人生教练，幸福力教育、因材施教践行者。

找准定位才能卓越，追赶潮流只会平庸。

找准你的人生赛道，持续占领用户心智。

框架之上看定位，定位之上看优势。

《定位高手》 刘sir/著

推荐人：江俊文

“60后”三级教授，日记自传导师，职后轻创业教练。

具有滋养能力的人，可以滋养到的往往不仅仅是他们的爱人，还会滋养他们的孩子、亲戚、朋友等身边的人。

无论是从经营关系的角度来讲，还是单纯地从滋养对方的角度来讲，都绝对不是放弃自我，也不是拯救对方，而只是在某些时候为对方内心的缺失和需求部分提供一些力所能及的新体验，仅此而已。

关系中每一次的矛盾、冲突，甚至冷战，都是一次你用来理解对方，进而知道如何滋养对方、经营关系的机会。

《爱的五种能力Ⅱ：爱情与婚姻中的情感经营课》 赵永久/著

推荐人：潇声

高级婚姻情感咨询师，心理赋能教练，亲密关系守护者。

幸福=健康+财富+良好的人际关系。

用头脑赚钱，而不是用时间赚钱。

任何时候都要完全诚实。诚实待人、积极向上，这是我们几乎在任何时候都可以做到的。

《纳瓦尔宝典》 [美]埃里克·乔根森/著

推荐人：七哥

充满热情的创业者，生财有术龙珠圈友，个人成长教练。

写作是“改运”级的武器，写作和不写作的人生，有着极大的不同。

我们要给用户力量，让用户充满动力，并真正愿意去行动、去改变。

在打造个人品牌的路上，我们千万不要活成搬运工。

《一年顶十年》 剽悍一只猫/著

推荐人：小乔

高级测试工程师、B端产品经理、007写作达人，执行每日复盘持续6年以上。

“

好故事里面隐藏营销密码。

让每一分钱都更有价值。

关键成交动作是筛选。

”

《大卖：百万发售实操36计》 一伊/著

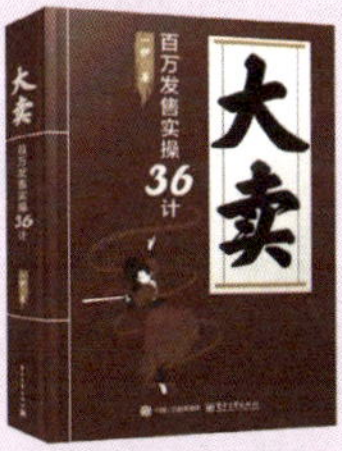

推荐人：财神源

短视频IP流量操盘手、资深闲鱼电商变现玩家，已打造短视频创始人IP超过20个。

人生所有的经历，就像一颗颗珍珠，当你在未来某一天找到了那根线，你就会把它们全部串联起来，变成美丽的项链。

我们一定要成为行动力强的人，因为这个世界会狠狠奖励行动力强的人。

勇气是最重要的品质，不要害怕尝试，也不要害怕失败，只有勇敢地踏出舒适区，才会拥有全新的天地。

《AI写作宝典：如何成为AI写作高手》 弘丹/著

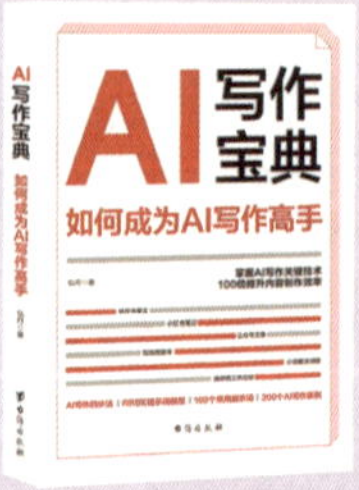

推荐人：陈浩

酒店管理大师，《HCM国际酒店管理模式》《酒店客户管理》副主编，《酒店管理案例分析》编委。

有福之人不用忙，无福之人跑断肠。

孝敬父母，就是接通福脉；尊师重道，就是接通慧脉。

计利当计天下利，求名应求万世名，为往圣继绝学，为万世开太平。

《福慧之道》 孙一乃/著

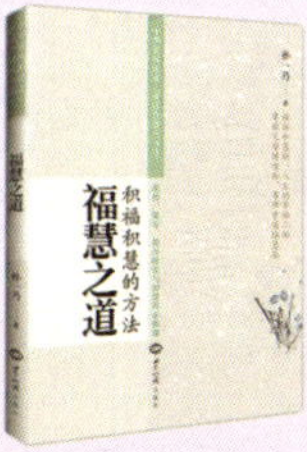

推荐人：陈春华（学安）

生命成长教练，静心茶修教师，禅修深度爱好者。

“

每个打造个人品牌的人都是一个多面手。

在帮人成事的过程中，我成了一名真正的行业操盘手。

把别人看得和自己同样重要，场场操盘，场场倾力。

”

《大卖：百万发售实操36计》　一伊/著

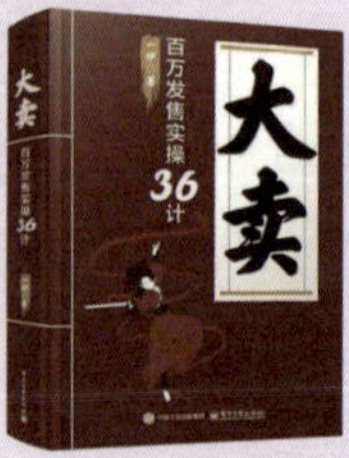

推荐人：栗掌门

创始人IP全域陪跑顾问、私域裂变发售操盘手，具有5年某省电视台编导经验，曾任某互联网集团总经理。

“家长是什么样的人”比“家长采取什么方式育儿”更能影响一个孩子。

允许孩子有跟自己不一样的观点。

成功等于有效的自我管理。

《做孩子最好的成长规划师：从海淀到加州的阳光男孩养育指南》 盖兆泉/著

推荐人：卢连

智程生涯创始人，资深学业规划师，高考升学规划师，心理咨询师，2020—2023年中国教育电视台《加油吧考生》栏目特邀嘉宾。

问题若有办法解决，就不必担心；若没办法解决，担心也没用。

有的人居无定所地过着安宁的日子，有的人却在豪华住宅里一辈子逃亡。

快乐的人生是从接受缺憾开始的，接受一个不那么完美的自己，学会说：“我不再需要什么，我很满意。”

《次第花开》 希阿荣博堪布/著

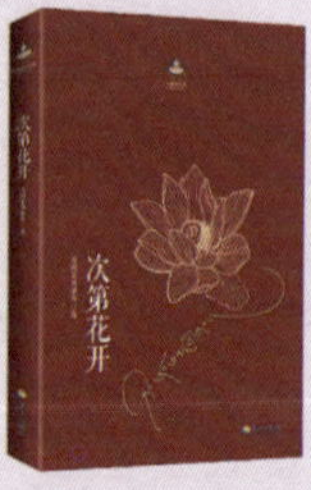

推荐人：毛杰

独立投资人，自主创业者，从事儿童摄影行业25年，门店流量转化策划人，家庭教育指导师。

幸福的密码：自己一好，天下皆好！

保持清晰的家庭关系边界感，是“自己一好，家人皆好”的法宝。

睡个好觉是生活的标配，而幸福是人生的高配。

《睡个好觉：重塑自主睡眠》 李海峰、戴瑞娜/主编

推荐人：曾建荣（心心）

《睡个好觉：重塑自主睡眠》联合作者，科学睡眠教练，高级正念幸福教练，高级家庭教育指导师。

我是一个努力变得更好的英雄，因为我和你一样，我们是英雄，肩负着改变世界的使命。

一个能够在压力下保持冷静、处变不惊的人将得到尊重，并被选为领导人。

将我们自己或我们的产品和服务与人们的生存联系起来，激起他们的好奇心，是获准进入关系下一阶段的门票。

《商业至简：60天在早餐桌旁读完商学院》 [美]唐纳德·米勒/著

推荐人：赵淑宸

爱茶人，高级评茶师，高级茶艺师。

私域第一性原理：长远而忠诚的客户关系。

重要的不是当前的位置，而是认清楚你的方向、速度以及加速度。

加微信这个动作虽然简单，但不做和做，就是0和1的本质差别。

《私域资产》 肖逸群/著

推荐人：周子龙

债务翻转师，商业特种兵，全媒体运营师。

不要问自己“是否应该享受当下的快乐或者未来的幸福”，而要问“如何才能享受当下的快乐以及未来的幸福”。

幸福不是拼命爬到山顶，也不是在山下漫无目的地游逛，幸福是向山顶努力攀登过程中的种种经历和感受。

我们必须相信幸福是应该得到的，我们必须相信我们的存在是有意义的，因为我们生来就有享受快乐和意义的权利。

《幸福的方法》 [美]泰勒·本-沙哈尔/著

推荐人：林美美

国际注册亲子教师，“四步八法概括力”原创课程版权人，林美美读写会创始人。

“

拥有好口才的人，能将陌生人变为朋友；能展示自己的才华，为自己赢得各种机会；还能说服对手，帮助自己摆脱不良的环境。

语言能力的培养是最讲究氛围和环境的。

在人际交往中，自我介绍是不可或缺的一种礼仪。

”

《站在讲台上的孩子：让孩子的表达力成为未来的竞争力》 金星、郑兴兴/著

推荐人：刘琴

演讲发光教练，亿琪富创业合伙人，超级表达星皇冠教练。

“

拥有却不分享，毫无快乐可言。

没有紧迫感，欲望无价值。

我认为我们都有同理心，但我们可能没有足够的勇气把它表现出来。

”

《绝佳体验》 [美]布鲁斯·莱夫勒、[美]布赖恩·T.丘奇/著

推荐人：建连

“95后”新农人，小说家。

很多人瘦身失败，是因为忽视了心灵的需要。

我只为自己的身体需要而吃，我不饿就不吃。

除了消化食物需要更充分地咀嚼，其实我们还需要在吃的过程中去“感受吃”，我称之为用“脑”吃饭。

《身心减负：如何过上自由又健康的生活》 李海峰、徐珂、李珈/主编

推荐人：贺文华

《金句之书》推荐官，中小学生学商训练构建者。

教育的终极目的是提升幸福胜任力。

幸福是一种积极能动、欣欣向荣的生命状态。

幸福胜任力就是父母给孩子最好的礼物。

《幸福胜任力：父母给孩子的生命礼物》 张鼎昆/著

推荐人：胡静

深耕学前教育20年，中国营养学会营养健康顾问，DISC认证讲师，健康教育推广者，卓悦亲子跑团创始人。

在光明的世界中，视觉这一天赋才能，竟只被作为一种便利，而不是一种丰富生活的手段，这是多么可惜啊！

善用你的眼睛吧，犹如明天你将遭到失明的灾难。

充分利用每一个感官，通过自然给予你的几种接触手段，为世界向你显示的所有愉快而美好的细节而自豪吧！不过，在所有感官中，我相信，视觉一定是最令人赏心悦目的。

《假如给我三天光明》 [美]凯勒/著

推荐人：李理

高级视力防控师，爱眼护眼传播者，国学爱好者，终身成长践行者。

如果跑不赢时间，就跑赢昨天的自己。过去不重要，未来才重要。无论活成什么样，都要记得谢谢今天的自己。

女性一定要有一技之长，无论是身在职场，还是退隐江湖，哪天再回来，你都能在这个时代和社会生存下去。

你不需要很厉害才能开始，但你需要开始，才会变得很厉害。

《友者生存1：善用贵人杠杆》 李海峰、陈杰平、麦子/主编

推荐人：安苒

深耕门窗行业15年，形体管理师，瑜伽私教老师。

“

语音写作是思维的呈现，也是心灵的书写，写自己、写内心、写生活。

一件事情先持续做下去，就会自动迭代。

语音写作可以用来记录，也可以用来创造。

”

《语音写作：1小时1万字》　剑飞/著

推荐人：小郑姐（芃凡）

语写、阅读践行者，创意表达性艺术疗愈师，国际多元智能教育规划师。

“

我们不仅要看到当下的自己是谁，更重要的是还要看到未来的自己会是谁。

通过认识整体、次序和平衡三大动力对于企业的重要性，大家可以更明智地做出决定，同时也更加理解在组织中建立积极和稳定的工作关系的重要性。

通过诚信、正直的行为，以及用心去服务他人和社会，我们将创造真正有意义的财富，并在未来获得更多的回报。

”

《职场幸福力——学习和改变的逻辑层次》 徐珂/著

推荐人：许冬云

高级教师，特殊教育从业者，儿童青少年心理辅导师，NLP执行师。

“

无论对于何人，无论以何种语言，自己的名字都是世界上最重要、最甜蜜的词汇。

潜能如同花蕾，在批评中枯萎，为赞许而盛放。

如果你想得到幸福的家庭生活，最重要的是：真心诚意地欣赏对方。

”

《人性的弱点》 [美]戴尔·卡耐基/著

推荐人：艺能

互联网资深行政人事经理，《写作重塑人生》联合作者，《金句之书》推荐官。

安静地倾听自己内心的声音，你自己是自己最好的倾听者，与自己的内心深深地对话，与自己内心的觉醒大师相遇。

静坐的本质在于，它创造了一个空间，是位于你和你的“头脑”之间的一个距离。

厨房是练习慈悲和爱心最直接的地方，可以直接把爱的能量放在每一道饭菜里面。

《大地母亲时代的来临》 央金拉姆/著

推荐人：赵若言（悟言）

当下合一创始人，东方智慧实修者带领者，原创心流冥想带领者。

“

你挣了多少钱并不重要，重要的是你留下了多少钱。

资产是能把钱放进我口袋里的东西，不管我工作与否；负债是把钱从我口袋里取走的东西。

要成为金钱的主人，你就要比金钱更精明。然后金钱才能按照你的要求办事，它会屈服于你，这样你就是它的主人，而不是它的奴隶。这就是财商。

”

《富爸爸穷爸爸》 [美]罗伯特·清崎/著

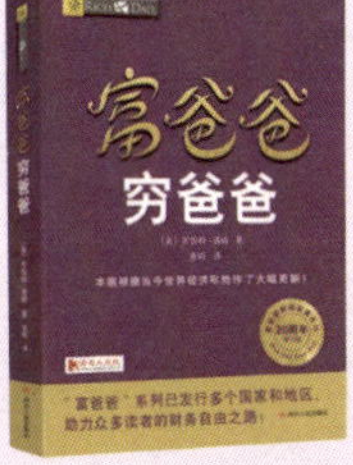

推荐人：蔡利利

财商教练，商业顾问，中国平安内训教练。

“

我们有现代人的大脑结构，所以有好几个自我，它们互相竞争，试图控制我们的想法、感受和行动。

当我们把自己从错误的奖励承诺中解放出来时，我们常常发现，我们误以为的快乐源泉，其实是痛苦的根源。

自控力最强的人不是从与自我的较量中获得自控，而是学会了如何接受相互冲突的自我，并将这些自我融为一体。

”

《自控力》 [美]凯利·麦格尼格尔/著

推荐人：程婷玉

考试心态训练指导师，签约提分开创者。拥有10年心理教育、8年学科培训经验，经手咨询案例与提分案例超过3000个，倡导因材施教，助力孩子实现高分、高能、高情商。

“

成为有对象感的写作者，既要懂读者需求，又要懂用户需求。

深度思考本身就是一种对生活的滋养。

用故事来卖产品，要做到三个方面：解决一个问题 / 困惑；赋予物品一种情感属性；给读者一种美好的期待。

”

《直抵人心的写作：精准表达自我，深度影响他人》 文叨叨/著

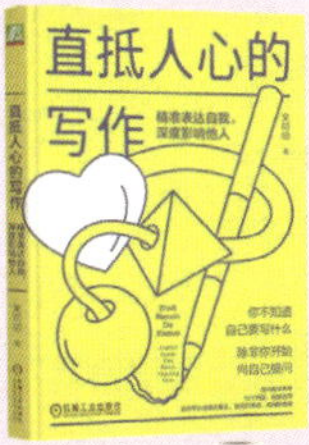

推荐人：康康

SMART学习力金牌指导师，中小学阅读写作老师，青少年悦读晨会主理人。

口碑绝佳，利他；自带销转，利己。利他的同时利己，你做这件事情才可以持续。

想要拿结果，就要坚持行动，用数量拼概率，做时间的朋友。

价值输出，就是想要客户把注意力放在社群里，要么可以让客户得到，要么可以让客户学到。

《创业创富》 劳家进、夏聪/著

推荐人：铭月

个人品牌商业顾问、万人社群运营负责人、裂变发售操盘手（单场发售超过百万元），操盘私域IP年营业收入超过300万元。

“

成大事者不拘小节，成大事者也不拘小败。

最大的教育就是自我教育，也就是自己对自己的教育。

所谓“心底无私天地宽”，你只要能对得起自己的良心，对得起自己的信仰，你就能扛得住别人的议论与指责。

”

《郦波评说曾国藩家训》 郦波/著

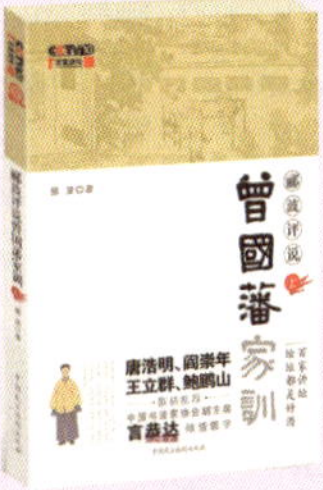

推荐人：王龙

家庭教育指导师，长沙市家庭教育指导服务中心公益项目负责人。联合上百位家庭教育指导师，打造“因材施教，以终为始”的少年儿童成长营。

这个世界除了聚焦，其他都是成本。只有聚焦，才会赢得竞争。

我喜欢酣畅淋漓地体验生命的过程，我很庆幸我的行动力刚好配得上野心。

就像导演北野武所说：“虽然辛苦，但我还是会选择那种滚烫的人生。”

《流量战争》 陈芳芳/著

推荐人：张文元

年轻化时尚创业女性，国内专业CFC（公司金融顾问），亿元级企业私人服务顾问，美丽商学院联合创始人。

“

一个人的关注点A（Attention）和心态M（Mindset，情绪+思维）会决定一个人的行为B（Behavior），而行为会决定结果R（Result）。其中，最为关键的环节是管理心态（情绪+思维），因为心态是外显言行的生成器。

人不可能没有情绪，但我们可以训练自己，培养在不当情绪出现时有效管理不当情绪的能力。这种能力，就是人类独特的基于语言的理性思维能力。

AMBR的管理核心是管理自己受情绪或者天性操控的、会伤害合作和人际和谐的思维及行为。

”

《高绩效管理：4-D系统项目实践与案例解析》　林健、陈韵棋/编著

推荐人：李耀

《金句之书》编委会成员、推荐官，《人际关系必修课》编委会成员、合著者，《高绩效管理：4-D系统项目实践与案例解析》合著者，家财有道风险管理事务所联合创始人。

66

你是干大事的人。

每天至少给一个人提供价值。

我们不仅要不断“向上学”——向厉害的人学习，还要不断“向下帮”——帮助需要我们的人。

99

《一年顶十年》 剽悍一只猫/著

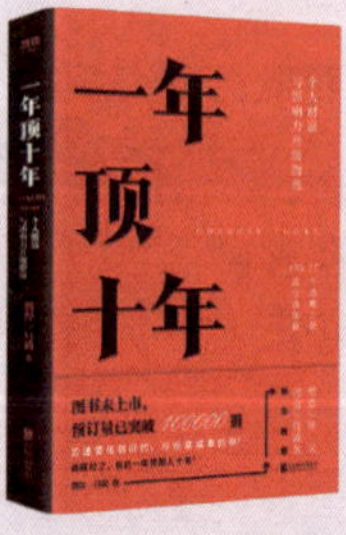

推荐人：月月

竖版思维导图教练、月月读书会主理人，每天在公众号“已阅在成长”更新文章。

“

能否合理运用大数据，并不取决于技术，而取决于思维方式。

要成为别人的标杆，先从建立自己的标准做起。

路在我们每个人的脚下，要靠自己的双脚去丈量，人生的精彩也只有靠自己的实践去探索、去思考、去享受。

”

《管理会计：从新手到高手的30个实操工具》 [新加坡]钱自严/著

推荐人：梁耘嘉

资深财务管理者、思维导图实战达人、财务写作达人，4年累计写作1450多篇，写作120万字以上。

目标一定要可视化，哪怕写几个字都可以。

过去如何不重要，重要的是可以随时开始，开始的时间可以是某一年中的任何一天，你可以随时创造自己的开始日。

改变所处环境的关键是主动选择，积极创造，而不是任由生活把自己随便扔到一个地方。改变所处环境的理想状态是让环境和自己同频共振，从而变得越来越好。

《时间复利：将简单重复到极致》 剑飞/著

推荐人：小木

反内耗践行者，终身修行探索者，心灵疗愈顾问，互联网运营咨询顾问，《金句之书》推荐官。

致富最重要的技能是成为终身学习者。

学会销售，学会构建。同时掌握这两种技能的人势不可当。

人之初，性本善，而后被污染腐化。智慧就是通过追求知识，去伪存真，抛弃罪恶，回归美德。

《纳瓦尔宝典》 [美]埃里克·乔根森/著

推荐人：欧阳丽辰

互联网营销师，全媒体运营师，翻书成课践行者，丽辰悦读会创始人，自媒体新晋读书博主。

为什么孩子不听话？不是因为家长的话孩子听不懂，就是因为孩子不爱听家长的话。

不要以为孩子就应该听话，重要的是应该让孩子知道如何选择做对的事情，而不是埋头就知道去做对的事情！

失败的家庭教育体现的是霸道而不是人道，追求的是功利而不是生命的权利。

《学会跟孩子说话》 **赵雨林/著**

推荐人：光鹏飞

家庭成长顾问，DISC咨询师，学习指导师。

你没有第二次机会留下第一印象。

因为自信的气势，让别人相信你能把任何事都变成现实。

一个有魅力的领导者和成功的人会懂得如何运用一切可以掌握的技巧去强化自己的形象。

《你的形象价值百万》 [加]英格丽·张/著

推荐人：文婷

国际认证礼仪培训师，资深形象设计导师，高级演讲培训师。

职业发展最底层的战略，带着优势切入趋势。

我该演什么人生剧本呢？这个问题本身就特别了不起，这是一个导演才能问出来的问题！

口诀是，让重要角色先走。

《不上班咖啡馆》 古典/著

推荐人：王睿

北极星书友会创始人，职场教练，人生剧本策划人。

“

当我们学会面对生活，并对当下保持开放的心态时，奇迹就会发生。

我们害怕活在当下以及在生活中真正展示自我，这是因为我们害怕自己会重新经历所有儿时的伤痛。

真实关爱自己也需要充分接受自己——回归当下，适应我们的本来模样，而不是试图改变我们的体验。

”

《九型人格的智慧》 [美]唐·理查德·里索、[美]拉斯·赫德森/著

推荐人：潇湘

九型人格导师，潇湘人格创富私塾创始人，知乎平台2万粉丝博主，全网浏览量超过5000万，人格类型学与天赋优势实践超过1万小时。

上班这件事，要追不要逃，重要的不是不想要什么，而是搞明白自己想要什么。

持久的兴趣，也是一种优势。

问题比答案宝贵太多。有了正确的答案，他或许能走对这一步，但有了正确的问题，他可以解决未来很多的事。

《不上班咖啡馆》 古典/著

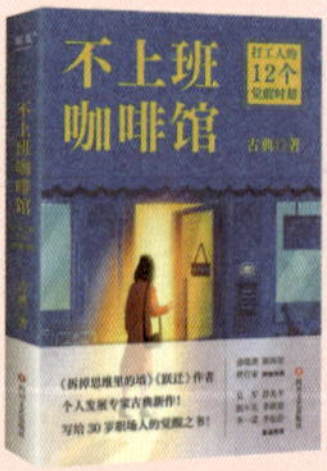

推荐人：悠然/LILY

读书IP养成系教练，线上书房铁粉体系联合创始人，悠然读享社创始人。

爱阅读的父母，自然会养育出爱读书的孩子。

没有不爱读书的孩子，只有不会引导孩子阅读的父母。孩子的早期阅读，就是在玩中学、玩中读。

养成良好的阅读习惯，永远是性价比最高的投资。

《读出学习力：高分孩子的阅读课》 红英/著

推荐人：红英

畅销书作家、亲子阅读教练、红英读书会创始人，践行亲子阅读30年，陪伴孩子从小爱上读书。

“

一本好书，不仅是纸上的文字，更是一扇打开未来的大门。

在父母心中，永远要有阅读这颗种子，也要将阅读的种子尽早播在孩子心中。

阅读对孩子来说，绝不是一时兴起的游戏或任务，而应是长期坚持和体验的兴趣。

”

《读出学习力：高分孩子的阅读课》 红英/著

推荐人：雅伟

“985”高校博士、二级营养师、红英读书会联合发起人，酷爱历史人文书籍，独创高效学习法，倡导智慧阅读。

父母关系才是孩子心理健康的模板，而且也是孩子以后进入社会、与他人建立关系的模板。

看到孩子的真实存在，发现孩子的真实需要，并帮孩子实现他的需要，这便是真爱。

父母能给孩子最好的礼物，就是爱与自由。

《为何家会伤人》 武志红/著

推荐人：黄鹏

绥中县家庭教育讲师团团长，家庭教育高级讲师，绥教讲师团读书会主理人、领读者。

我渴望我的生命活出善意和慈悲（Compassion），由衷的给予在你我之间流动。

我们被训练成以他人为导向，而非聆听自己。我们逐渐习惯于考虑：“人们期待我怎样说话和做事？”

当我们清晰地知道自己的行动是为了滋养生命，当我们做事的动机纯粹只是为了让自己和他人的生命变得更加美好，即使工作辛苦，我们也会乐在其中。

《非暴力沟通》 [美]马歇尔·卢森堡/著

推荐人：牧羊人·苏麦耶

深耕母亲教育、家庭教育，牧羊人落地家庭CEO工作坊创始人，石宣落地家长学校牧羊人指导中心负责人，家庭教育高级指导师，非暴力沟通认证导引师，正面管教家长讲师，她力量联盟慢生长深耕耘社群创始人。

进入一个领域后，首先你要做的是掌握这个领域的语言。接下来，真相，不管是什么样的真相，就会逐渐浮出水面。

你永远无法真正“到达”一个极限。真正的极限是一种超凡脱俗的境界，飞跃到极限的瞬间类似于通向死亡的致命一跳；原本受时间限制的肉体摇身一变，成了永恒的灵魂。

听着，水滴！放弃你自己吧，不必觉得有任何遗憾，因为你将获得整个海洋。

《欢乐数学之疯狂微积分》 [美]本·奥尔林/著

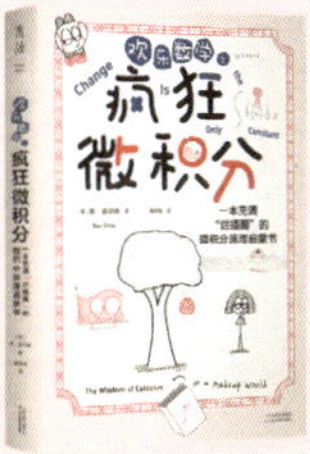

推荐人：宝藏男孩XYE

牧羊人·苏麦耶之子，9岁，小学二年级学生，爱读书、爱画画、爱手工、爱做美食，想到就去做，热爱生活，梦想出版自己的书。

操盘，就是要选择优秀用户，用自己的章法和打法，帮客户拿到他想要的结果。

发售是离钱最近的，也使得整条商业链路变短，快速变现。变现的能力是永远不过时的能力。

比赚钱更重要的是口碑，我有靠谱且极致的专业交付，是一个有成果又善于把能力复制给团队的操盘手。

《操盘人生》 李海峰、江湖格掌门/主编

推荐人：海霞

超盘行动联盟创始人、家庭教育IP操盘手、个人品牌商业顾问，拥有15年线下销售经验，擅长IP定位咨询、发售操盘。

永远不要用战术上的勤奋，掩盖战略上的懒惰，把握20%的核心关键，你的成功速度将会呈指数级增长。

正向的情绪价值，就像正向的磁场一样，它不仅能让自己过得很好，还能让靠近你的人都过得很好，因此一个人拥有高能量，有时候也是一种独特的社交优势。

永远不要被年龄、出身、学历等外在条件限制住自己的视野，人生随时有机会重启。

《活在你的优势上》 璐璐/著

推荐人：大双

初本商学创始人，私域营销顾问，《金句之书》推荐官，擅长创始人IP私域实操、陪跑、孵化，文案素材助力IP大事件累计创收超过300万元。

爱不会增加你的力量，只会激发你原本就拥有的力量。

承诺的真正意义是“我愿意继续这样做，直到我觉得需要改变为止”。

两个人在一起有三件事需要顾及，分别是“我”的事、“你”的事和“我们”的事。

《李中莹婚姻心理课》 李中莹/著

推荐人：孟思安

中国婚姻家庭维情咨询师，婚姻情感导师，NLP执行师，家庭教育高级讲师。

“

家人应该是相互扶持的，没有单方面理所当然的享受，幸福的家庭需要我们的包容和付出。

风雨同路，只因能够彼此包容。

如果没有搭配，没有人勇于做恶人，那么很多事情就很难推动。

”

《我为什么看不懂你》 李海峰、彭洁/著

推荐人：丰少

生命关系修复导师，情感关系倾听师，婚姻关系测评解读师。

财富不是你拥有多少钱，而是你现在所拥有的一切都失去之后，还剩下的东西。

人与人之间的差异，最大的原因就在于内在信念，或者说是价值观。

一个没有地图的人，即便跑得很用力，每天拼命地加班赚钱，也只是今天重复昨天，他还会对自己的人生旅途有期待吗？为什么不试着找到自己的价值所在，过得更丰富一些？

《富而喜悦：创造顺流人生的13个锦囊》　唐乾九/著

推荐人：盛晓琪

财富流沙盘认证教练，《创业创富》授权讲师，山东理工大学教师，个人成长教练。

读书是读有字之书，而一个人的阅历和见过的世面，却是无字之书，更难读，但读通、读透后的收获也更大。

做任何事情都要不断叩问其本质，追溯其根源。

要做自己感兴趣的事，要做自己从内心里认为有感觉的事。一旦找准，就坚定不移、持之以恒地做好它。成功了，是顺带的结果；不成功，无愧平生。抱着这种态度，人生也就不会有太多遗憾了。

《格局》 王志纲/著

推荐人：张志强

《自由人生》《同频影响力》联合作者。

生命绽放是真实的，是层层展开的过程。

恐惧来源于不够强大的自己。

一个人的内心越寂静，越会带来智慧和力量。

《世界上最神奇的24堂课》 [美]查尔斯·哈奈尔/著

推荐人：于蓉

五台山善护念书院创始人，齐白石第四代传承人，百万种树公益发起人（已种植17万多棵树）。

“

蛤蟆先生，如果我不相信每个人都有能力变得更好，我就不会做这份工作了。

想成为更好的自己，就必须经历行为和态度的转变，过程往往是痛苦的。

没有一种批判比自我批判更强烈，也没有一个法官比我们自己更严苛。

”

《蛤蟆先生去看心理医生：漫画版》 [英]罗伯特·戴博德/著

推荐人：樊金涛

读书会创始人、家庭指导教师，爱读书，爱玩OH卡，邀你一起盛开、一起终身成长。

我们不要羡慕别人的成功，要看到别人的优点，学习别人的优点。预测能力，是成功者必备的能力。

人之相识，贵在相知；人之相知，贵在知心。

马克说得对，要“用现有的时间做最有价值的事情”。

《智听版 成功法则与智慧.墨菲定律成功法则》 董佩华/主编

推荐人：燕子

全国艺术教育测评考官、高级家庭教育指导师、舞蹈形体管理美学导师、国家社会体育指导员，从事艺术教育教学20余年，在艺术教育和公益安全教育的路上不断耕耘。

如果想变得富有，你就要弄清楚你能为社会提供哪些有需求但无从获得的东西，而提供这些东西对你来说又是轻松自然的事情，在你的技术和能力范围内。

自然科学和微观经济学都能为阅读打下坚实的基础。一旦脱离了这些坚实的基础，麻烦就来了，因为你会难辨真伪。

基本上你可以从生活中得到自己想要的一切，但前提是，你的目标只有一个，而且你对这件事的渴望超过其他一切。

《纳瓦尔宝典》 [美]埃里克·乔根森/著

推荐人：陈征宇

独立高中数学老师，拥有13年教学经验，擅长学情诊断和逻辑分析，深度服务近千名学生。

“

当我们在饮食上开始做减法，并且不断地做减法时，我们就会发现，很多病症可能会不治而愈。

西方医学奠基人希波克拉底认为，每个人的身体里都有一位医生，我们只需要协助他工作。

健康饮食的核心是停止自我伤害，所以不吃什么比吃什么更重要。

”

《非药而愈：吃出健康的秘密》 徐嘉/著

推荐人：积善家玲珑

积善家素食西餐主理人，毕业于鲁迅美术学院艺术设计专业。

“

书是一种社交纽带，读书会、读书社群是连接人们的桥梁，是推动人类社会持续发展的力量。

让我们在新媒体的时代里，用读书这个支点，用读书的力量，撬起生命之重，重新找回生命的温度和节奏，把握住那些真实、深刻、有意义的瞬间。

左手阅读右手写作，我希望这也能成为你的一种生活方式，成为你对于生命的一种态度。

”

《如何高效阅读：写给所有人的读书精进指南》 丁玥/著

推荐人：奇遇

奇遇读书荟主理人，帆书 · 雨知教育认证翻转师，向上书院 · 成为作家读书会城市会长，黄埔精神宣传者。

趁早，趁早，养成好习惯要趁早。

天下武功，唯快不破。天下读书，唯笨不破。

哭闹得不到一切，也不该得到一切。

《稳赢》 冯唐/著

推荐人：张安琪

画书会联合创办人，阅读指导师，安全培训讲师。

读书会与其说分享的是书，不如说分享的是人。

让学习乐在其中，让读书乐在其中。

读书会是普通人逆袭的最优路径和最实用工具。

《读书会创始人》　李海峰、彭小六/主编

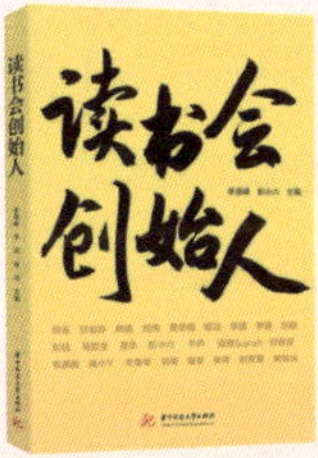

推荐人：赵芙蓉

学乐汇心理主理人，OH卡拆书营创始人，心际迷宫传播者，《读书会创始人》联合作者，《金句之书》编委会成员。

“得人不外四事，曰广收，慎用，勤教，严绳。”得人要注意四点：广泛招人，谨慎使用，辛勤教导，严格管理。

谋定而后动，谋定之前要殚精竭虑地想，收集资料后反复讨论战略应该怎么定；但一旦定了，就要坚定不移地执行。

管理正是如此，向上管理，向下管理，再把自己管好。把简单的道理变成重复产生效果的执行动作，不停加强，直到事成。

《了不起》 冯唐/著

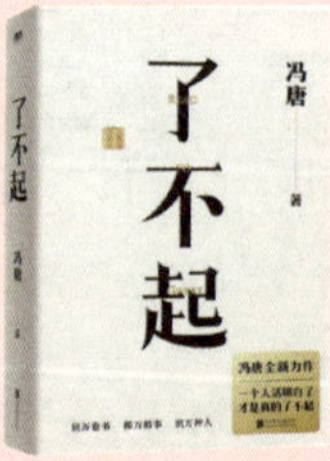

推荐人：乔慧萍

人力资源合规师，企业人力资源管理咨询顾问，《金句之书》推荐官。

自我治愈——为自己内在的伤口负责，并用意识之光拥抱它们——是成为一个老师和治疗者的真正关键所在。

感受是你们的老师，而情绪则是你们的孩子。

只有跟随心的直觉流动，你才会被指引到一种轻松和智慧的生活和行事方式中。

《灵性炼金术》 [荷兰]帕梅拉·克里柏/著

推荐人：尤达

国家二级心理咨询师，灵性家排师，致力于疗愈事业10年，累计举办家排工作坊活动百场，经手案例1000余个。

真正的价值都是自己给自己的。

完成比完美更重要，能量比才华更重要，做了比不做更重要。

你要把自己觉得有价值的事情固化下来，变成看得见、摸得着、能量化的成果。

《不上班咖啡馆》 古典/著

推荐人：李晔

叶叶有茵读书会创始人，《重塑人生：你内在的英雄战无不胜》联合作者，《金句之书》编委会成员。

成功无非是高级机能的长期定投的结果。

切磋就是个体间的沟通交流，琢磨则是个体内的思考省察。

临事不能觉察，还是因为复盘的频次和深度不够。复盘不够彻底，反思不够深刻。

《学习力跃迁：像AI一样迭代自己》 田俊国/著

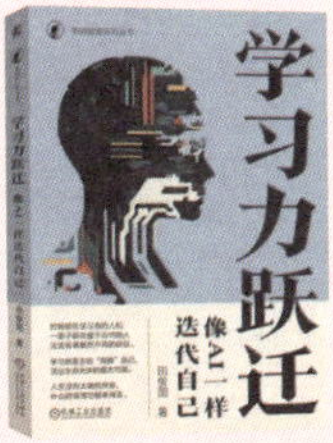

推荐人：雨奇（石雨鑫）

书课桌游式读书会创始人，线下内容创意闭门会操盘手，可视化创意党史党建教育开发者。

投入是热爱生命的钥匙，什么是快乐？快乐就是做事情既快，又乐！

对兵卒说是许进不许退，但对大将就要讲懂进懂退，因为身份不同，思维方式也不同。

学会如何面对不公平，远远比学会如何评价不公平重要。

《拆掉思维里的墙（白金升级版）》 **古典/著**

推荐人：郎燕

人力资源管理师、企业人力资源项目经理，专注人力资源领域15年。